汉字中的地理课

邱磊 —— 著

市井烟火

江西教育出版社
JIANGXI EDUCATION PUBLISHING HOUSE
·南昌·

赣版权登字-02-2025-046

图书在版编目（CIP）数据

市井烟火 / 邱磊著. -- 南昌 : 江西教育出版社, 2025. 4. --（汉字中的地理课）. -- ISBN 978-7-5705-4775-3

Ⅰ. K9-49

中国国家版本馆CIP数据核字第2024N5T778号

汉字中的地理课 · 市井烟火

HANZI ZHONG DE DILI KE · SHIJING YANHUO

邱 磊 著

江西教育出版社出版

（南昌市学府大道 299 号　邮编：330038）

出 品 人：熊 炽

责任编辑：冯会珍

各地新华书店经销

江西千叶彩印有限公司印刷

710 毫米 ×1000 毫米　16 开本　8.5 印张　88 千字

2025 年 4 月第 1 版　2025 年 4 月第 1 次印刷

ISBN 978-7-5705-4775-3

定价：35.00 元

赣教版图书如有印装质量问题，请联系我社调换　电话：0791-86710427

总编室电话：0791-86705643　编辑部电话：0791-86708350

投稿邮箱：JXJYCBS@163.com　网址：http://www.jxeph.com

播撒地理之种

2021年，邱磊老师的“古诗词中的地理课”系列一完稿，我便欣然写了序。2025年，他又有了新作“汉字中的地理课”系列。这既让我感到惊讶和高兴，又觉得合乎情理。近些年来，他笔耕不辍，也该到收获的时节了。

十年前，我们在上海的一次学术会议上相识。当时，听到他对中华优秀传统文化与地理的联结感兴趣并已做了初步探索，我便鼓励他朝这个方向不断挖掘下去。从国家意志的层面上说，推动中华优秀传统文化入校园、入课堂、入教材，业已成为新时代的重要命题。自2014年教育部印发《完善中华优秀传统文化教育指导纲要》以来，中共中央办公厅、国务院办公厅、教育部、中国教育学会等多个部门（机构）多次下发相关文件，呼吁广大教育同人不断推动和深化这一研究方向。可以说，邱磊老师的学术志趣，正合乎时代大势，是新课标、新教材、新高考背景下的有益探索，同时对每一名青少年及其背后的家庭教育，都是有所帮助的。

“汉字中的地理课”系列共有《苍穹天文》《地脉万象》

《农邦千秋》和《市井烟火》4册，分别对应着天文、地形、农业、城市四个板块。它们之间存在着紧密的联系（如下图所示）。这种联系将地理学科的综合性与区域性，以汉字为媒介，在不同的维度上予以展示，打造了一门有别于普通教材的魅力课程。

天文（宇宙及大气环境）
地理（地形及地貌）
——提供条件→ 农业 ——持续发展→ 城市（聚落）

这套书的创意，在于引入了汉字知识，及其背后的文化、历史资源。地理的信息载体、思维建构、意义创生，都在新情景的浸润之下，来了个“华丽的转身”。比如，汉字可以展现科学思维。在《苍穹天文》一册中，邱老师提到昼夜的“昼”字：甲骨文为“”，上部的“”，形如一只握笔的手正奋力书写；下部是表示太阳的符号“”。古人通过观察太阳的不同位置和高度，巧妙地将“昼”描绘成“旦—晨—杲—晌—昃—暮”的动态过程。这些汉字“串”起来，就是一幅画面感、想象力十足的太阳视运动轨迹图。换句话说，古人以有形有色的“空间”，来表达看不见摸不着的“时间”。这种统一的时空观，扩大到极致，就是宇宙观。我们不难发现，地理学科独有的思维，正以汉字做载体，外化成有滋有味有底蕴的文化，滋养着每一个中华儿女。

再从汉字的角度看地理这门学科，你会感觉它很有温情。比如，“月”字为什么写成“☽”，而不是反过来的“☾”呢？书中介绍，“☽”出现在华灯初上、“对影成三人”的良辰，“☾”则升起于“江枫渔火对愁眠”的午夜之后。哪个更为人们所熟悉、传颂并记录呢？答案不言自明。地理知识亦由此具备了“温度”，它的生活性、思辨性和文化性渐次展开，彰显了素养培育、生命厚植的育人价值。

汉字还是活的社会化石。甲骨文中的山川日月、飞禽走兽等，都形象地展示了社会发展的面貌。比如“独”（代表唯一）和“群”（代表众多），本义相反，且一个是犬字旁，一个是羊字旁。究其根源，这是对古代放牧场景的“文化回忆”：一只兢兢业业的牧羊犬在茫茫草原上来回奔跑，赶着成群结队的“喜羊羊”“美羊羊”“沸羊羊”……这些内容，我们可以在《农邦千秋》中找到。

我们读着读着就会发现，汉字与地理均具有“至大无外，至小无内”的相似性——它们的囊括面广，时空、人事、世理都被一网打尽。通过瑰丽、厚实且神秘的汉字，来拆解、重组和复现地理知识与地理原理，这种独辟蹊径之举，不但需要脑洞大开的思考，更需日久弥坚的努力。虽然中学的地理教材中偶有汉字辅助教学，比如黄河干流呈“几”字形、行政区域的简称等，但其并不涉及汉字内部的音、形、义，缺乏历史和文化上的价值解读。现在这套书做的，正是这样的探索——借助文字学、文化学平台，实现汉字与地理教学的深度融合，让孩子们发现地理之美，研习地理之妙，享受地理之乐，笃定地理之志。

愿邱磊老师的研究与努力，能得到更多读者的喜爱，也愿更多的小朋友、大朋友、老朋友，从这套书开始，在心中播撒下地理的种子。

华东师范大学教授、上海市特级教师、中国教育学会地理教学专业委员会原副理事长兼秘书长　陈胜庆

你的世界，由汉字点亮

亲爱的朋友，每天使用的汉字你一定很熟悉，但你真的“熟悉”她吗？如果我说有一个字，让你一秒钟可以画出世上最具象却也最抽象的画，你信吗？如果我说有一个字让你一秒钟，可以奏出世上最动听却也最悲婉的旋律，你信吗？如果我再说有一个字，让你一秒钟，可以在茹毛饮血的历史之源与昌盛发达的现代文明之间穿梭，感怀生命，汲取智慧，你信吗？

也许，你会觉得这是痴人说梦吧。汉字，有这么神奇吗？当她被造出来时，西汉《淮南子》一书用六个字来形容：“天雨粟，鬼夜哭。”意思是说，仓颉创造出文字时，谷粒像雨一样从天而降，无数的鬼魂在暗夜中痛哭流涕。感觉好神奇啊！可是，何来此说呢？因为传说中，自仓颉第一次把文字刻画在龟甲或兽骨上起，人类从此留下了思想的印记，可以一代代地累积知识、增长智慧、传播文明。文字把人类理性启蒙、探索世界的大门，撬开了一道缝。民智逐渐开启，文明迭代繁荣。

你或许仍觉得这太夸张了吧，文字真有这般神奇的力量吗？你要知道，在我国百万年的人类史中，能被称为文明史的部分，不过五千多年。在这五千多年中，文字成了维系无数代人心智、情感、认知、观念、精神的核心纽带，成了这个世界沧海桑田、革故鼎新、生生不息的关键见证。她的意义，难道不强于《淮南子》所言的千百倍吗？

也许你会问，汉字不是数千种文字中的一种吗？是的。可我们从文明的源头看，历数那些灿烂文明的重要载体——古巴比伦的楔形文字、古埃及的象形文字及古印度的印章文，如今都消失在历史的烟尘中，成了常人不能读、不能认，更不能写的“艺术品”。唯有汉字成了远古文明与现代文明的见证。她的造字原理、结构、含义、发音，以及在科学、美学、文化和艺术上的高超智慧，是一座巨大的矿藏，世人取之不尽、用之不竭。

汉字在形成之初，多以象形和指事为主（约占70%），几乎可以说一个字就是一幅图。比如，日月、山川、河流、草木、鸟兽等自然事物，人口、城市、农业、手工业、建筑等社会事物，都是造字的对象。毫不夸张地说，我们随手写下的每一个字，既有精确的符号意义，又是一幅有着高超艺术水准的抽象画。

汉字的文化理性，使她具有鲜明的表达逻辑和想象张力。她既可以诠释天籁般的自然韵律，也可以被视作人伦真情的具象表达。

汉字的文化感性，使她有共生的天地情怀和家国视野。我们剖析汉字的本义、引申义，乃至字形的演变，会看到清晰的历史脉络，嗅到芬芳的乡土气息，悟到深邃的哲思义理。

如此说来，这套书怎么不有趣呢！它是绘画书、音乐书、历史书，更是发现天地大美、中华大美、文化大美的“汉字地理书”。

毫不夸张地说，我们可以用汉字把中国的风土人情、区域特征、自然风貌统统给“画”出来。事实上，汉字的发展若从甲骨文算起，大致经历了金文、篆书、隶书、楷书、草书、行书等几个阶段，数量也从开始的四五千个发展到现今的约十万个。在三千多年的积累和演进过程中，先人把对自然和社会的观察、研究和描述，浓缩在无数个小方块中，也把对生活、生命的感悟，镌刻于方寸之间。透过一个字，我们足以穿梭古今；透过一个字，我们足以俯瞰天地。

所以，亲爱的朋友，把汉字读懂、读透，是我们学习地理、学习历史文化的好方法。因为，每一个汉字都藏着精妙、奇趣、丰富的乾坤，每一个汉字都自带光芒，照向生命那未知的远方。

你的世界，由汉字点亮。

汉字的演变

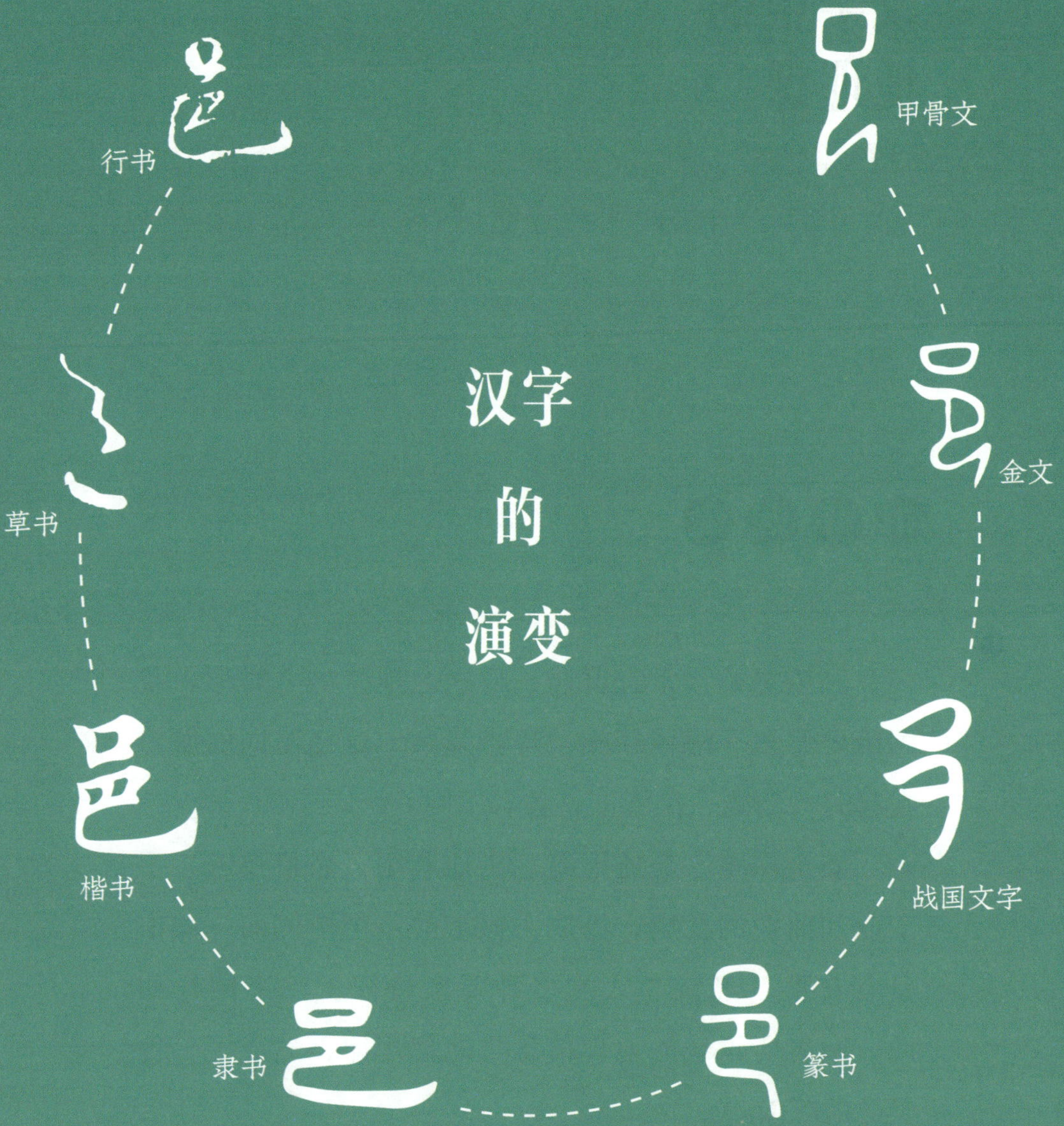

汉字中的
地理课

市井烟火

民生之始，常宜群居，群居之地，城之雏形。我国历史悠久，地域辽阔，环境复杂，这使不同的城市在起源、功能、价值上，各有不同。

安全保障、交通枢纽、土地利用、农耕技术、手工业和商业的发展，已成为城市的一个个侧面。城市具有自然、经济、人文多种要素特征，汉字同样如此。两者所承载的地理信息与地理规律，达成了一种美妙的呼应。

以汉字“透视”城市地理之美、之奥、之妙，相信一定不会辜负你的期待。

目 录

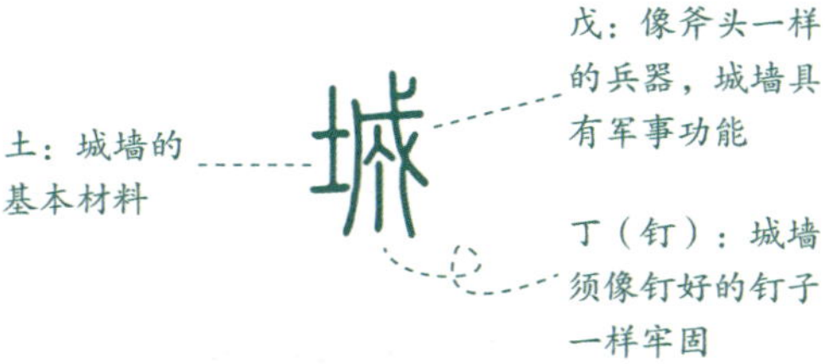

第一章 城市的兴起

第二章 城市与交通

第三章 城市与建筑

第四章 城市与人口

第一章

城市的兴起

本章思维导图

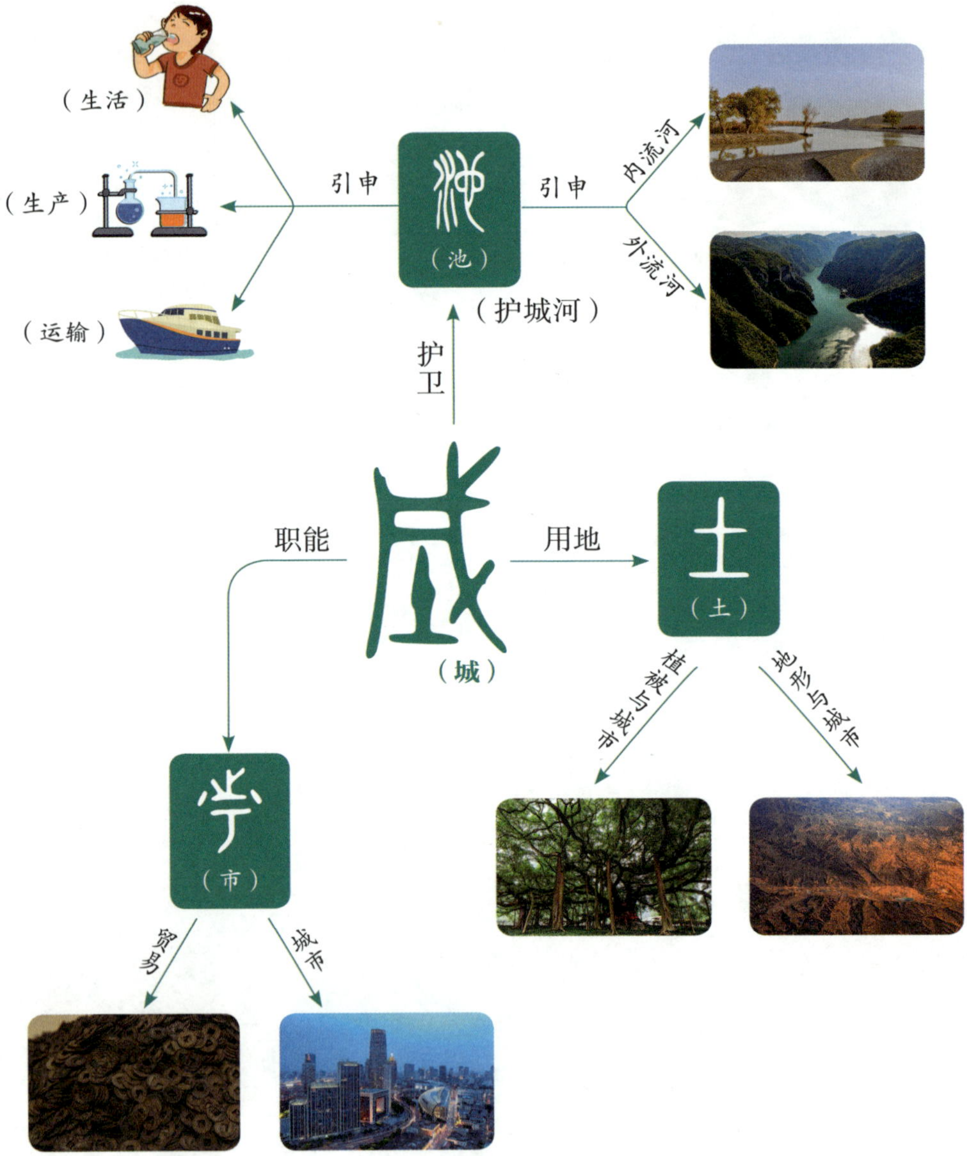

[字源]

城，以盛民也。

——《说文解字》

[字解]

上图是金文的“城”字，可以分为“成”（红色）和“土”（蓝色）两个字。“成”字兼有发音和意义两方面。在甲骨文中，“成”字的字形也颇有意思，它是由“”和“”组合而成的。据考证，“”是一种宽刃、长柄的兵器，像斧头，代表战争；“”是俯视钉帽的样子，表示钉子。东西一旦被钉住，往往就会被牢牢固定，代表“钉实”。“”与“”组合在一起，表示战争的结果。打赢的战争就叫“成”，如“成就”“成功”等词语均由此而来。

“成”字加一个“土”，就是“城”，即用泥土一点点修筑起来并牢牢夯实的东西，而且像钉子般牢固。这代表了城墙的修筑过程。“城”的本义是城墙，现代“城市”的含义是在历史演变中慢慢形成的。

[字变]

金文　战国文字　篆书　隶书　楷书

[字说地理]

“城”的本来面貌

高楼大厦、车水马龙、灯红酒绿、市井喧嚣……提到城市，我们可以说出许多形容它的词语。不过，最初的城市，全然没有这般现代化的样子，它是在漫长的历史进程中逐步演变而来的。你猜猜看，人类建设城市的历史有多久？3000年？还是5000年？其实，人类建设城市的历史足足有9000年。我国的城市发展，从仰韶文化中期算起，也有6000多年的发展历史。

城市的发展就像从不间断的社会实验——那些古老的房屋、道路等，是老祖宗给我们留下的“实验笔记”，里面记述了人们在不同的环境中，彼此扶持，相互帮助，一步步创造文明的过程，精彩得很！其中许多环境因素都和地理有关联，成为我们学习地理的有趣视角。

今天，如果我们环游世界，会看到许多著名的大城市，如伦敦、巴黎、东京、纽约等。每个城市的气质、功能、定位等都不太一样。如美国底特律的别称为“汽车城”，钢铁洪流是它的特有气质；英国工业革命时期，伦敦的别称为“雾都”，糟糕的空气质量使它总是朦朦胧胧的，仿佛很不真实；意大利“水城”威尼斯的桥和船，构成了城市的独有语言，诉说着它的似水柔情……以上这些城市，我们都能在幅员辽阔、历史悠久的中国找到相似的影子。

或许，有人会问城市与村庄的区别。其实，两者没有严格的界限，在不同的时代和地区，城市的定义是不同的。比如，华西村在中国是村，在马耳他（欧洲一岛国）的概念中就是城市，因为马耳他规定建设用地就是城市；埃及的谢赫村在中国的概念中是村，在埃及就是一个城市，因为埃及规定各省行政中心就是城市。所以，我们无须纠结城市与村庄的定义，抓住其特征就行。

城市的建立，是人类综合思维的结果，需要很多条件共同促成。地理上称城市为“区位”。其中一些扮演主要角色，另一些则是配角。打开世界地图，我们会看到上面有无数大大小小的城市，但每一座城市的形成，均是天时、地利、人和的结果。

文化加餐

“聚落”的秘密

“聚”字的上部为“取”，“取”由一“耳”一“手（又）”组成，表示手里抓着一只耳朵。在古代，战争结束时，胜利方会割下战败方的耳朵，以便计算战功。“取”一开始为“割取”的意思，后来泛指“获得”。

“聚”字的下部为“众”字的变形，看起来就像三个人正在拔河。中国人民大学的校徽设计便采用了“众”字。“取”和“众”二字合成“聚”字，就是一群人为获得某件东西而会合、协作的意思。

◎中国人民大学校徽

那么，他们想获得什么呢？美食、钱财，还是名望、权力？都不是。“落”，才是他们真正的目标。“落”含有“停留”的意思，如落脚。人若在某地定居（停留时间很长），那就叫“着落”。“落”还有个诗意的表达，即苏轼说的“此心安处是吾乡”，“落”就是身心安放的地方啊！“落”字的写法，颇能给我们一些地理启发：草字头（艹）代表草木繁盛；三点水（氵）代表水源丰沛；反文旁（攵）的甲骨文作“”，表示手持木棍击打，引申为军事护卫；“口”则表示交通要道，如隘口、关口等，指的都是“一夫当关，万夫莫开”的险要之地，或重要的交通枢纽。你看，一个小小的“落”字，它身上的每个部

件都藏着秘密呢！当然，并不是人类所有的早期聚落，都是在相同的自然、社会条件下形成的，所以，

◎“聚落”的军事基因

我们要根据具体的情境，对问题进行具体分析。

聚落是有生命的，它承载着一代又一代人为“落”而“聚”的奋斗历程。

汉字堪称世界上最美的书写符号体系。它就像一座袖珍且精美的“城市”，自带城市之美——横竖如街巷经纬，撇捺似飞檐斗拱，点提若亭台点缀……汉字就像一部微缩的城市发展史，藏着许多科学知识与方法，我们的“思想之旅”就从“城”字开始吧！

“城”字的最初含义是城墙，如唐代诗人李贺在《雁门太守行》中云：“黑云压城城欲摧。”我们从汉字“国”的繁体字“國”中，也能看出些端倪：“城”与“國”中，都藏着代表守卫、防守的“戈”；“國”外面的“囗”，就是围成一圈的城墙，它最初的意思不是国家，而是城池。

古代城市筑城墙的主要目的是防卫，以确保城内居民的安全，这从“城”字的本义可以知道。譬如，2000多年前齐国都城临淄的城墙厚度达20米，楚国都城郢的城墙厚度也达到了14米之多。在冷兵器时代，如此厚实的城墙所具备的防御能力足以令人

安心。为保险起见，在高大厚实的城墙外，人们还在与城墙平行的地方挖掘了宽而深的堑壕（可以引注河水，成为护城河）。大的都城外环绕的护壕沟，通常宽达30米，深4～5米。你若是生活在城内的古人，想必会为这种防御工程引以为豪。

可为什么“城墙”的“城”，慢慢地有了“城市”的含义呢？或许，这和它环绕城市一周，可以展现城市的基本轮廓有关。

英语中有一个表示“城镇”的词是town。它的本义与俄语、德语的“城镇”一样，都有“篱笆、栅栏”的意思。历史语言学家根据这一点推断，早期城镇很可能是用栅栏围起来的。这跟北京城内的地名“大栅栏”不谋而合。

在古代，城的规模通常用城墙的周长来衡量。观察古代城墙图可以发现，河流或湖泊总是与城相伴。护城河也被称作“池”。不过，这种池并不一定环绕城墙，甚至多由自然形成的河流充当；而靠山的那一侧城墙，因地形之利，便不必挖掘池了。据《太平广记》记载，春秋时期，宋国的一个城门失火。为了救火，人们纷纷从池中取水，结果水被汲干，池中的鱼虾因缺水而死。这一典故后来被凝练为“城门失火，殃及池鱼”，而该成语的正式出处实为北齐杜弼《檄梁文》中“但恐楚国亡猿，祸延林木；城门失火，殃及池鱼”之句。不难推断，“城池”一词的起源，远比我们想象的要早很多。

“水”的壮阔塑造

护城河虽是从安全方面考虑修建的，但水的价值可远不止如此。水的首要价值在于维系日常生活和工农业生产，如饮用、灌溉等。离开了水，城池便会丧失正常功能，甚至逐渐消亡。楼兰位于我国西北地区，是从长安经河西走廊进入塔里木盆地的第一站，地理位置十分重要。这座古城在鼎盛时期规模宏大、人口稠密、商旅云集。塔里木河与孔雀河在楼兰附近汇集形成的罗布泊（历史上面积曾达5350平方千米），曾紧邻古城。遗憾的是，3世纪前后，由于河流淤塞，罗布泊日渐枯浅，楼兰最终被黄沙掩埋。直到19世纪末，瑞典地理学家斯文·赫定才偶然发现了楼兰古城遗址。

河流对城市的影响不言而喻，从汉字“邕”的构字逻辑中便可感知其关联，该字本义即护城河环绕的都城。不少人不认识“邕”字，但若提到东汉时期的名臣蔡邕，或许会有印象。据统

◎城头山遗址位于湖南澧县城头山，该城址建筑时代为屈家岭文化中期，其城地轮廓非常清晰

计，全球约63%的人口聚居在距大河20千米范围内，约84%的大城市（人口在100万至1000万之间）邻近大河分布，而特大城市（人口超过1000万）中这一比例跃升至93%。

城市临水而建能获得哪些独特的区位优势呢？首先是稳定的水资源保障。比如，武汉的别称是“江城”，它位于长江和汉江的交汇处，两江交汇将武汉自然分隔为武昌、汉口和汉阳三镇。同时，武汉还有很多大大小小的湖泊，城内百湖星罗棋布，水系与街巷浑然一体。可以说，正是长江和汉江所带来的丰富水源，才造就了武汉的繁华盛景。

水源的利用，还有着比较独特的方式。

拿济南来说吧！它得名于“济水之南”。在古代，不仅有“济南”，还有“济北”。沿着河流建城市，是一个世界通用的黄金法则。济水被称为“四渎”之一。唐朝时期，人们把长江称为南渎，黄河为西渎，淮河为东渎，济水为北渎。什么是“渎”呢？渎（dú）在《说文解字》中释为“沟渠”，后特指独流入海的大河。因“渎”与“独”音近，古人附会其“独立入海”之意。若以现代地理学视角观之，“四渎”均属外流河范畴。我国东部和南部大部分地区属于外流区，河流多为外流河。

◎外流河——长江

外流河那么多，唯独把长江、黄河、淮河、济水称作“四渎”，很奇怪吧。这主要有两个原因：一是它们水量大、影响力强，是古人认知范围内最大的四条河；二是它们靠近中原地区，便于城市利用。

外流河的水源补给（如季风降水）更为稳定、丰沛，这是依赖内陆降水或高山冰雪融水且最终消失于沙漠或湖泊的内流河难以比拟的。前面提到的楼兰故城，其悲惨的命运就与靠近它的塔里木河、孔雀河等内流河的改道有关。外流河水源普遍充足，即使地面上的河流消失（济水虽已堙没，但“济南”“济宁”等城市名仍作为历史记忆被留存），还有丰富的地下水作为“后备军”。

◎内流河——塔里木河

所以，相比楼兰对单一内流河的依赖，济南凭借多元化水源（地下水、黄河、小清河）及地理优势，在济水消失后仍实现了持续发展。济南又称“泉城”，我们看“泉”的甲骨文“”，它描绘了一个非常形象的画面：泉水“汩汩”地从地下冒出。《说文解字》载：“泉，水原也。象水流出成川形。”意思是泉是从地底或石缝中涌出的水的源头，不太容易被人看见。据《禹贡》记载，济水曾有“三伏三出”（三次潜流地下后又复出地表）的特殊水文现象，展现其与地下水的密切联系。泉水实为地下水的天然露头，其水源深藏于含水层中，与地表径流的运动规

◎断层

律截然不同，原本是看不到的。当地下水在岩层裂隙中流动时，若遇透水性骤变的构造（如断层或溶蚀通道），便会涌出地表形成泉。

济南当地“家家泉水，户户垂杨”，据济南市城乡水务局2022年普查，全市现存涌水量达监测标准的天然泉池共1209处。清澈的泉水可以直接饮用，也可以泡茶、煮饭。炎炎夏日，聪明的济南人还会用它冰镇西瓜哩！说泉水润泽了整座城市，一点也不为过。著名的“天下第一泉”——趵突泉，我们在小学语文课本上就学过。“趵”，表示跳跃的样子；“突”，代表泉水涌起时“咕噜咕噜”的声音。这座古城的生命力，就像永不疲倦地喷涌的趵突泉一般蓬勃。

◎天下第一泉——趵突泉

水对城市的塑造，远不止这些。如“淞沪”上海、“渭城”咸阳、“黄河之都”兰州、“邕城”南宁、“香江”香港、“濠江”澳门等，它们身上都有水带来的核心竞争力，我们将在后面陆续揭秘。

先有“土”，后有城

除了水，地形亦是城市立足之本。“城”字含有“土”，“土”即土地、地形。早期的城墙，均是以土夯筑，建筑房屋用的砖瓦也用土烧成。我国早在西周早期就出现了瓦片，瓦片层层叠叠地覆盖在屋顶上，宛若一片片鱼鳞，好看又防水。人们用土烧制瓦片，后来还直接烧成砖块。从出土实物看，早期砖块已呈现规整的方形特征，后来经过实践探索，人们发现直角六面体的砖块更便于施工，因此“方砖”一直沿用至今。今天，砖、瓦依旧作为建筑材料被广泛使用。

◎篆书“瓦”正是对一片瓦的生动描绘

◎唐代“吉”字凤鸟纹方砖

看来，离了“土”，城市还真“成”不了。不过，下面我们要讨论的重点，并非土的土壤属性，而是地形特征对城市发展的影响。按照现代人的眼光，平原是最理想的城市发育地。那里地势平坦、土壤肥沃，便于农耕，我国的大城市主要分布在平原地区。2022年，我国GDP（国内生产总值）十强城市中，严格位于平原地带的占六席，其余四城都带有显著的山地或丘陵特征。不过，城市的起源多在山地或丘陵地带。

历史瞭望

城市与地形

《山海经·海外西经》中记载：“轩辕之丘。在轩辕国北。其丘方，四蛇相绕。”有一些史书文献记载，“轩辕之丘”的方位大致指向河北省涿鹿县三堡村北。这里是一个高大的土丘，上面即为古城遗址。远古时代，据说轩辕黄帝在这里居住，后世就称它为“轩辕之丘”或轩辕城。由于自然形成的土丘难以呈现规整形态，“其丘方”应特指人工修筑的城郭平面布局。“四蛇相绕”的“蛇”是古代的图腾，这四个字是对古代城池军事防御的描写，即四个城门均有士卒守卫着。

◎涿鹿黄帝城中华合符坛

古人修筑城池时常把安全摆在重要位置，而地形有时候起着决定性的作用。比如“衍”字的甲骨文“”，

外面是代表街道的“𠀁”，里面的“巛”展现出水汹涌而下的气势。“衍”就是一幅街道被洪水淹没的画面，代表着城市内涝。所以，古人总爱把城市建在地势稍微高一些的地方，以免遭受水患。

◎钓鱼城一隅

我们不妨以钓鱼城为例。南宋晚期，宋蒙战争爆发，其中钓鱼城之战，堪称经典。钓鱼城修建在钓鱼山的顶部，因山顶平坦开阔，四周陡坡几近垂直，形成天然屏障。钓鱼城依山为垒，山城一体，浑然天成，固若金汤。它不但有构筑在陡峭山岩上的内外两道防线，而且还有纵向延伸的水师码头，以暗道出口与“一”字形城墙相连接的物资补给通道，由阶梯道路排水槽、八字挡墙基引水槽及门道下排水沟几部分组成的给排水系统。在城中的二级阶地上，农作物丰富。正是得益于粮草充足与水源无忧，加上宋朝将领指挥得法，钓鱼城才使得骁勇无比的蒙古大军“望城兴叹”，死伤无数。

所谓台地，是指周围是陡坡的广阔平坦高地，它看起来如同桌子的台面一样。从整体看，钓鱼城就修在一片较大的台地上，安全性特别突出。与之相类似的，还有河流阶地，它呈阶梯状

◎台地

◎阶地

样貌。从汉字构型看，“阶”字的左耳旁（阝）是“阜”字的变体，本义是土山，暗示其描述的地形多与地势起伏相关。阶地是其中较为平缓的一个区域，往往成为山地城市的优选之所。绵阳位于四川盆地西北部，北倚剑门雄关，南接成都平原，江河众多，城市用地多沿河流阶地布局。

值得注意的是，起伏的地形对城市的影响，往往需要河流的配合。“兰州拉面”大家都很熟悉，兰州这座城市几乎也像拉面一样细长。它被高山峡谷包围，难以大面积建设城区，只能沿着狭长的山谷建设。我们若用一个汉字来形容兰州的城市外形，那就是“一”，地理学中称此类城市为“带状城市”。

这类城市具有相似性：狭长的身形，不仅受地形左右，更是牢牢绑定于河流。兰州坐落在黄河的河谷地带。类似的，还有陕西的宝鸡和甘肃的天水均沿渭河河谷分布，四川的康定依康定河而建。另外，有些河谷较为开阔，或河谷附近有开阔地，城市发展的空间就大很多，像汾河谷地的太原、渭河谷地的西安等河谷平原城市规模显著大于典型带状城市，命运自然也是不同。

◎兰州地貌

总之，地形对城市的影响无处不在。往小处说，它深刻影响着城市的外形。南阳地处南阳盆地（北依伏牛山、东接桐柏山，中间低平）中心，形似凹陷的“碗”状地貌。《毛诗故训传》曰：“四方高中央下曰宛丘。”故南阳的别称为“宛城”。重庆更是号称“山城”，整座城市位于群山之间，巧合的是，把重庆市行政区域轮廓逆时针旋转135°，其形与汉字“山”相吻合。

往大处说，地形对南、北方城市的布局也有显著影响。我国北方平原地区因地势平坦，易形成棋盘式路网主导的团块状布局（如北京中轴线对称结构），院落式建筑（如四合院）与方正格局相响应；南方丘陵水网地区，城市或沿江河呈带状延展，或被山水切割为多组团——武汉因两江交汇形成“三镇鼎立”（品字形），重庆受平行岭谷地形影响形成“多中心镶嵌”格局，南京则依托紫金山与长江形成“山水城林交融”的分散组团。

不可小瞧的“草木”力量

你所在的城市，是满眼翠绿，还是极目枯黄？是花柳依水，还是青山入城？这些景观差异，受到许多因素的共同影响。其中植被因素，包括植被类型及覆盖程度，不可小觑，有时甚至能左右城市布局或发展。

以福建的省会城市福州为例，福州又叫“榕城”，即榕树之城。它位于中国东南沿海地区，夏季酷热难耐，常有人中暑，特别是小孩子。此外，旱涝频发，人们饱受其害。大榕树在福州这座城市中发挥着重要的生态守护者作用，为居民提供了阴凉和庇护。

历史瞭望

榕城说“榕”

北宋治平年间，福州来了一位名叫张伯玉的知州。他上任次年的秋季，恰逢大旱。正在犯愁的时候，他遇见一位老农在江边种树。种树本该在三四月，要是时节不对，树苗恐怕活不了。张伯玉感到奇怪，就虚心上前求教。老农笑道：“榕树嘛，不同于其他树，不管什么季节都能种活，最适合用来避暑。我将盆栽的小榕树移植到江边，过不了几年，夏天家门口便有大榕树可歇凉了。”

说者无心，听者有意。张伯玉眼前一亮：这不正是我寻寻觅觅的答案吗？拜别了老农后，他到多地考察，最终决定大规模种植榕树。榕树是一种高大的乔木，终年常绿。从“榕”字的构造与读音可知，它“容”量很大，如同一把撑开的巨伞，不但可以给人遮阳避雨，还能抵御台风，实在是一举两得。据统计，如今福州全市的榕树超过16万株，树龄超过百年的大约有600株，城市生态环境与小气候都因它而得到改善。

◎独木成林的大榕树

除了福州，海口别名为“椰城”、库尔勒别名为“梨城”、内江别名为“甜城”、许昌别名为“莲城”、莆田别名为“荔城”、成都别名为“芙蓉城”，它们都有着与植物相关的故事。一花一草，一树一木，可以在防灾减灾、生态维护、经济赋能、景观营造中扮靓城市容貌，更能为城市注入强劲的发展动能。

特别值得一说的是植被对城市热岛效应的有效抑制。人体对“热”的主观感受，通常在气温持续攀升到30℃以上时显现。若突破这个阈值，人们感受到的就不再是普通的热了，而是“炎热”。现代城市中，随着建筑物越建越多、越建越高，区域气温显著提升，因而人们用“热岛”来称呼它。

什么是热岛效应？一般来说，城市拥有高耸密集的建筑群、数量众多的人口、紧张忙碌的工厂及川流不息的车辆……这就形成了市区气温明显高于郊区气温的现象。高温中的城市犹如汪洋大海中的岛屿，气流在市区、郊区之间循环运动。

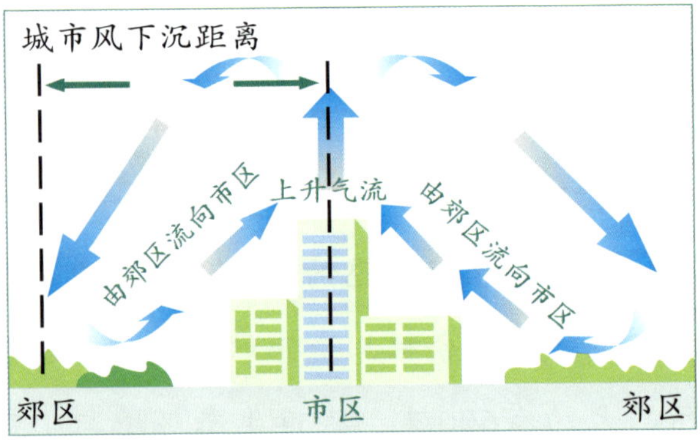

◎热岛效应示意图

知识拓展

说“雾”

从“雾”的构形来看，上半部为“雨”，说明它和雨有关。《楚辞·大招》中记载：“雾雨淫淫，白皓胶只。”意思是迷雾阵阵、细雨绵绵，天地白茫茫，像凝结的胶冻一样。雾虽常伴着微雨，却与雨有着本质的区别。

比如，雾飘浮在接近地面的空气中，而雨从空中滴落。在春季或秋季晴朗的早晨，我们乘车从城市出发，城区能见度超10千米；可一驶入郊区，往往撞见大雾弥漫，眼前一片混沌。换句话说，有很多时候郊区有大雾，而市区没有雾，这种现象的重要诱因之一就是城市的“热岛效应”。

冬、春无风的清晨，气温较低，近地面空气中的水蒸气受冷而凝结成悬浮的微小水滴，这就是我们所说的雾。城区由于气温较高，近地面空气中的水蒸气凝结条件不佳，所以雾很稀薄，能见度较高；郊区寒冷得多，近地面空气中的水蒸气多凝结成悬浮的微小水滴，则大雾弥漫，天地一片白茫茫。

◎从空中俯瞰，图中下侧为市中心，基本没有雾；上侧为市郊，大部分被雾气覆盖

人们早就意识到，严重的热岛效应会导致大量污染物聚集在城区近地面层，使空气质量恶化。同时，它对人体健康也会造成不容忽视的危害。如何缓解热岛效应呢？此时，植物就发挥了关键作用。

通过给城市“披”上一层由草地、灌木、乔木编织而成的“外衣”，原本“发烧”的城市将很快降温。组成城市“筋骨”

的钢筋、水泥、混凝土、砖瓦及各种金属构件，具有低反照率和高蓄热性，极易升温。而植物是优良的降温材料，一旦披上这件“外衣”，城市温度自然就降下来了。

那么，植物是怎么实现降温功能的呢？人们发现，在植被覆盖的地区，太阳辐射的大部分会被植物叶片反射和吸收。太阳辐射被植物吸收后，一部分用于光合作用转化为有机物，另一部分则以水蒸气的形式向大气中释放。于是，气温自然降下来了，城市便“退烧”了。

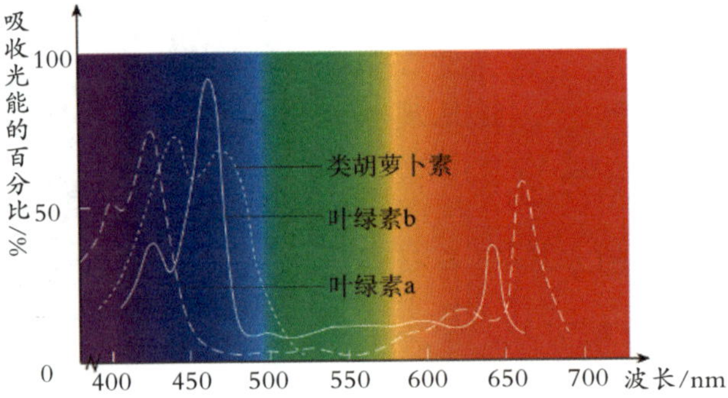

◎叶绿素和类胡萝卜素的吸收光谱

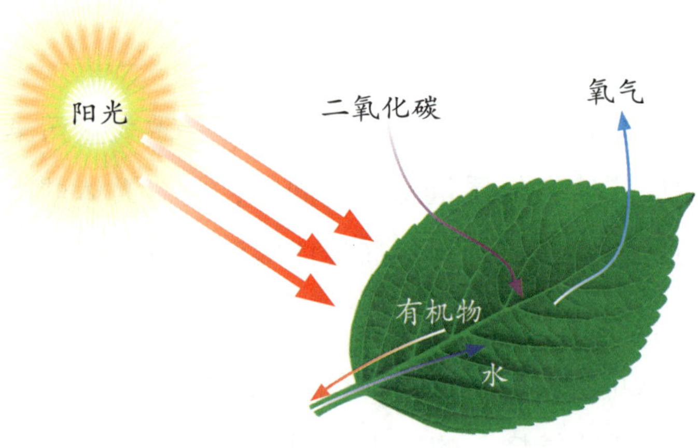

◎植物光合作用示意图

不同的城市，在具体的降温做法上会有不同。比如，大力推行屋顶绿化，是寸土寸金的上海、北京、广州等超大城市缓解热岛效应的好办法。在夏季的午后14时，裸露屋顶的表面温度可高达70℃，而有了植被覆盖的屋顶表面温度可低至29℃。有研究表明：当一座城市屋顶绿化总量覆盖城市建筑屋顶总面积的70%时，夏天的气温将下降5℃到10℃，热岛效应也就基本消除了。

当然，除了屋顶，提升城市的整体绿化覆盖率——如建设森林公园、绿廊，增加庭院、居住区、公共项目的附属绿化等均是城市破解“热岛”谜题的有效方式。如果人们能合理搭配乔木、灌木和草地，特别是增加单株或单叶片较大的植物，如国槐、法国梧桐，气温还可有效下降2℃到3℃呢。

甚至可以说，在各种植物的不断“赋能”之下，整座城市犹如一块海绵，可以不断吸水、放水，并在此过程中缓解热岛效应，给人们构筑一个宜居、舒适的理想环境。人们亲切地称这样的城市为“海绵城市”（指城市像海绵一样，在适应环境变化和应对自然灾害等方面具有良好的“弹性”，降雨时吸水、蓄水、渗水、净水，需要时将蓄存的水

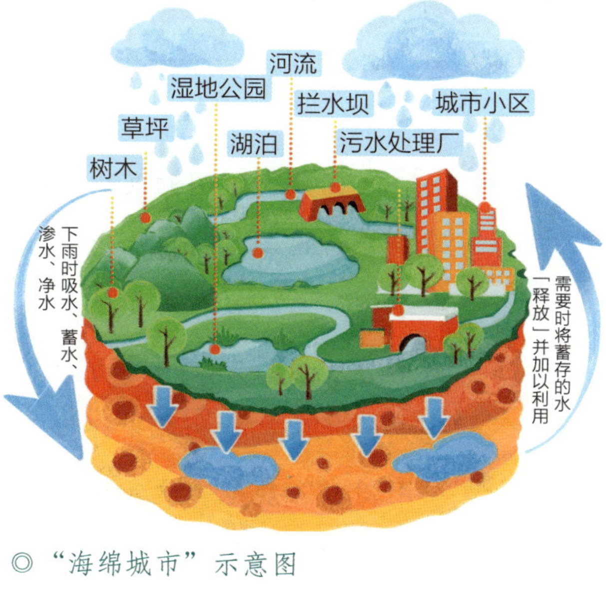

◎“海绵城市”示意图

“释放”并加以利用）。

因“城”制宜的选择

除了以上所述，城市布局还与地理位置有关。如建于1652年的开普敦，地处非洲南端，曾是欧洲殖民者前往亚洲的必经之地，也是他们向亚洲扩张时期的物资集散中心。开普敦凭借其优越的地理位置，大力发展交通运输。新加坡扼守马六甲海峡，地处印度洋和太平洋、亚洲与大洋洲的“十字路口”，靠收“过路费”赚得盆满钵满……

我国也有很多类似的城市。如兰州的别称之一为“陆都”，我国陆域版图的几何中心就在兰州附近。如果你以兰州为圆心、以2500千米为半径画圆，基本就可以全部涵盖我国大陆地区。秦皇岛、湛江、烟台的别称都为“港城”，高雄的别称为“港都”，背后的秘密都是地理位置。

文化加餐

“中不中”

我国陆域版图的几何中心位于兰州附近，这是现代科学测量的结果。而在古代，“天下之中”的概念通常指向“中原”，位置在今天的河南省。在很长一段时间里，作为中原官话的代表——河南方言被视为“正音”，为其他地方所效仿。譬如苏州评弹虽用吴语演唱，但咬字需符合“中州韵”规范。这实际上就是过去江南士人对“中原正音”的雅化想象。

河南方言在发音上跟普通话差别并不大，却保留着独特的词汇标识，其中最具代表性的例子就是“中”字。华夏先祖认为他们居天下之中，故称其所居的中原地区为“中国”，豫州为“中州”，华夏民族则被称为“中华”。“好不好”“行不行”“可以不可以”等均可以用“中不中”简化，回答也均可是“中”或“不中”。可以说，正是这种地理上的便利，让语言有了“高级感”。地处“天下之中”的汴（开封）、洛（洛阳）等城市，更是得到了极大的便利，历史上被尊为国都。

最后，我们还有三点需要补充：一是影响城市布局的除了地理位置，还有气候等因素，因气候与城市建筑大有关系，后文另作介绍。二是没有绝对的优势区位或劣势区位，比如山地建城，通常选择谷地、盆地、台地，但当自然条件特别恶劣时，山顶、山脊的少量平地也可以形成城市。云南省绿春县就把整座城市建在山顶上，被称为“天空之城”。三是任何一个影响城市布局、发展的因素，都不是孤立存在的，彼此有着千丝万缕的联系。拿地形和气候的组合来说，高原是热带城市的理想地形——热带低地，潮湿闷热，不适宜人类居住；而高原气候温和，干湿分明，十分适宜人类居住。热带国家巴西的首都巴西利亚，就位于巴西高原上。

地理知识提要：

★ 全球主要大城市的分布，多与河流密切相关。

★ 直接或间接流入海洋的河流叫作外流河。反之，以内陆山区降水或高山冰雪融水为主要补给，水源不流入海洋、只能流入湖泊或中途消失于沙漠的河流，则称为内流河。

★ 我国百万以上人口的大城市主要分布在平原地区。

★ 我国北方地形以平原为主，城市布局比较规整，外形上多为团块状；南方地形复杂，城市或沿着河流呈“带”状分布，或被山水分割呈“品”字结构。

★ 城市热岛效应是指城区（市中心）气温高于周围地区（郊区）的现象，也是城市气候的典型特征之一。提高植被覆盖率等方式，可以有效缓解该效应。

[字源]

市，买卖所之也。

——《说文解字》

[字解]

“市”是一个会意字，上图是它的金文写法。该字为上下结构，其上是“之”（），其下是“兮”（）。“之”字的甲骨文为“”，上面是一只脚的形状，下面画着一条横线，表示朝着一个目标前行。比如，《汉书·高帝纪》中记载：“十一月，沛公引兵之薛。”意思是，十一月，刘邦带领军队到薛地去。

这只脚要去哪里呢？我们看另一条线索——“兮”字。“兮”字在古代诗赋中常作语气助词，表停顿或感叹，相当于现代汉语的“啊”。将“之”与“兮”合在一起，表示来到了一个特别嘈杂的地方，人们在这里讨价还价、相互交易。另外，“市”的发音“shì”，也暗含着把货物挑到热闹的地方，向人展“示”，让人审“视”，最后达成交易的意思。所以，《说文解字》中介绍：“市，买卖所之也。”

[字变]

金文　战国文字　篆书　隶书　楷书

[字说地理]

“市”的前世今生

“城市”在今天是个常见词语，但在古代，“城”和“市”可是两码事。“市”是一个外有城墙，内有店铺、亭台的建筑群。在春秋战国时期的齐国文字里，“市”写作“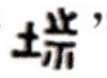”，明显添加了个“土”字旁。

现有考古资料表明，春秋战国时期的市都是封闭的，它们呈方形或长方形，中间有“十”字街连通四面八方，类似于古代的“井田”。后来，慢慢出现了“市井”一词，意思是按照规划井田的方法而设立的市场。

你去过市场吗？比如农贸市场，蔬菜瓜果、油盐酱醋、鸡鸭鱼肉，琳琅满目。市场里店铺林立，布局确实有点像汉字“井”。买卖双方讨价还价，你来我往，颇为热闹。对了，“闹”这个字，外“门”内“市”，造字的灵感或许就来源于市场上人声鼎沸的场面。如果我们再拓展思维，还会发现，做交易时用到的货币中的“币”字，上面加一点，就很像“市”。

◎货币对推动市场交易有着重要贡献。左图为我国古代钱币。我国唯一一座以货币命名的城市——白银，右图为白银市的永泰古城

对一座“城市”来说，最初的“城”与“市”是分开的。“城”主要代表“土地”或“地形”，强调空间，突出自然属性。春秋时期，鲁国有少皞之虚，卫国有颛顼之虚，陈国有太皞之虚，郑国有祝融之虚（关于“虚”字，后文还会提到）。这些叫“虚”的地方，多为上古传说中的故都或重要遗址；“市”则指向经济，而经济的背后是“人口”，突出社会性的一面。

城市具有自然、社会的双重属性，而且城市的发展越成熟，社会属性就越突出。在经济地理学中，人们主要研究的是“市”对人类生活、生产、文化等多方面的影响。

文化加餐

“市”的起源

传说，有一次炎帝巡视全国，发现东南西北各地生产的物品并不相同。

南边、西边和北边的游牧部落农耕产出匮乏，以食肉、穿兽皮为主，几乎吃不到粮食，穿不上丝麻纺织的衣服；中部和东边的农耕部落以粮食为主食，物产相对丰富，但肉食和兽皮较少；南方盛产甘蔗和橘子等水果，北方则主产黍、粟、红枣等作物。

见此，炎帝心想：“各地的物产有如此大的差异，如果能找一个大家都认可的地方，互相交换，各取所需，不就天下富足了吗？”于是，他找来大臣们商量，众人听后一致认可。那具体怎么做呢？

《易·系辞下》中有线索：“日中为市，致天下之民，聚天下之货，交易而退，各得其所。”意思是，在中午开设市场，各地的民众带着货物纷纷赶来，各自换到想要的东西再离开。这里的集中交易的场所被视为早期“市”的雏形。所以，后世将炎帝奉为市场交易的鼻祖。

我国商代就有了专门从事商品交易的商人。秦汉时期，无论是都城还是各地的郡县，都有固定的商业场所。比如，西汉的都城长安，最初有东、西二市，后来增加到九市。当时的店铺称为“商肆”，同类商品集中陈列的市则称作“列肆”。商品买卖的地方，常有一座多层建筑，称作“市楼”，是管理市场事务的官署所在。楼顶上有旗子和大鼓，每天都有人按时击鼓，通知开市或闭市。闭市后，人烟散去，不再有任何商业活动。这和今天商店要定时开门、关门有点相似。

到了宋代，更加繁荣、自由的商业街出现了。米市、盐市、牛市、猪市、马市、灯市等临街而设，甚至通宵营业，渐成“夜市”。《清明上河图》所描绘的，正是北宋都城汴州城（今河南开封）交易的一番盛景。

◎《清明上河图》（局部）

以上说的是朝代，也就是时间维度。此外，在不同的地理空间，“市”也有着不同的称谓和命名逻辑。在华北地区，人们称之为“集”，小说和散文中常见的“赶集”一词，就是例证。“集”有“汇集”之意，这和华北地区平原广布、村落分散有关。在长江流域，人们称之为“市”。在华南地区，人们称之为“墟”，表示乡镇、农村的定期贸易，“墟市”“墟集”是富有地域特色的叫法。“墟”通“虚”，代表“空”，“以通有无”正是交易的初衷。“虚”下面的“业”其实是“丘”字的变形，表示地形凸起，为山丘、丘陵。这和南方地区的地貌特征相符。在西南地区，人们称“市”为“场”，“赶场”成为川、黔、渝、湘等省份通用的词语。除上述说法，还有“赶街”“赶山”“赶圩”“赶闹子”等，叫法众多，倒是有趣。

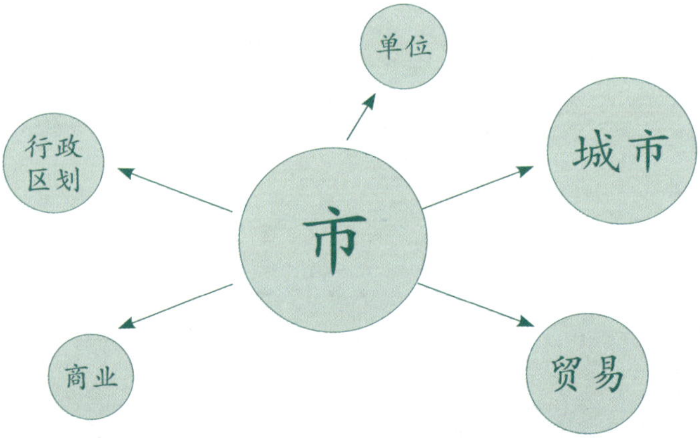

◎市的多种“身份”

除此之外，“市”还成为中国行政区划的名称——直辖市、地级市、县级市，日本与韩国也有类似设置；长度单位、质量单位也离不开它，如“市尺”（1市尺＝1/3米）、“市斤”（1市斤＝0.5千克）等。这些看起来毫无关联的事物，如果围绕“市场”这一核心去理解，就顺理成章了：“市区”用于确定交易的空间范围，“市尺”可以用来测量商品的大小，“市斤”则可以衡量其轻重。“城”出现后，出现了一批以非农产业为主，自身不能生产粮食和其他农副产品的人——城里人。城里人要吃饭穿衣，就要同城外的人进行交换。于是，在“城”和“乡”之间出现了“市”。“市”追着“城”，“城”连着“市”，有“城”就有“市”。

起初的“市”，大多以“赶集”的形式出现。随着时间的变迁，“市”渐渐壮大，临时性的“集”成了长久性的“市”，临时性的“摊”也变成了长久性的“店”。

城市的真正成熟，须等到“城”与“市”融为一体之后。“市”作为一只看不见的手，主导着财富的定义、创造和分配，决定着城市的发展轨迹。如果把一座城市看成一台电脑，“城”如同硬件系统（如道路建筑等），虽可升级扩容，但受物理条件制约；“市”就如同软件系统，是由代码构建的软件系统，可随需求迭代升级，实现功能拓展与优化。那么，城市活力的核心载体——“市”，究竟是怎样一步步发展的呢？它又和哪些因素息息相关呢？这是我们接下来要探讨的。

“山”城的哺育

在古代，一座城市的发展，如果按重要性排序，军事安全排第一，经济活力居第二。发展好经济，首要条件是原料。“原料”这个词，简单理解就是“靠山吃山，靠水吃水”。今天的不少城市，追溯其发展历史，会发现许多是依托其所在地的丰富原料。

先聊聊“靠山吃山”。以宛城（今河南省南阳市宛城区）为例，除了相对有利的地形，它的发展还与铁矿有关。三面环山的宛城，在秦朝时就是南阳郡的郡治（相当于今天的省会城市）；刘秀起于南阳，东汉建立后，宛城遂有“帝都”之称。由于铁矿丰富，加上植被茂密，便于伐木取炭，冶铁业发展迅速，市场也不断扩大，在战国时期宛城已十分发达。

提到铁，就不能不说同样为人们所熟知的铜。人类使用铜的历史早于铁。铜陵（“陵”字本身有“山”之含义）这座城市被誉为“铜都”，当地的采铜活动早在春秋时期已形成规模，直到唐代这里都是采铜冶炼中心。至今，铜陵城中依旧有一部分人口从事着与金属冶炼相关的工作。

知识拓展

铜与文明

人类在进入文明时代之前，经历了旧石器时代和新石器时代：旧石器时代以打制石器为主，新石器时代出现磨制石器与陶器。石器的缺点是延展性（物体受到拉力时延伸成细丝而不断裂、受到锤击或滚轧时可展成薄片而不破裂的性质）很糟糕。任意一块石头，不费点力气和时间，是很难轻易改变其形状的。而陶器的缺点是质地脆弱，极易损坏。工具性能受限，导致当时的生产力低下，那时的人们想要制作一些称手的工具，是一件极为麻烦的事，更别提大规模制作了。

金属（尤其是铜）的出现，彻底改变了这种局面。在哥伦布发现美洲大陆之前，北美洲所使用的铜器大多是通过冷锻天然红铜而制作的。自然界中的天然铜资源十分稀少，还好聪明的人类慢慢掌握了从铜矿石中提炼金属铜的方法。

相较于石器，铜器更加精巧、轻便，而且具有良好的延展性。这些特性使铜器具备了耐磨损、抗腐蚀、硬度大等优点。即便铜器出现损坏，还可回炉重铸。从此，社会生产力得到了大幅度的提高。

我国是世界上较早进行铜矿开凿和冶炼的国家。公元前3000年左右，我国就已拥有数量不少的大铜矿。在我国西北的青海、甘肃等地区，均发现了制作精美的铜刀，这一发现表明我国在那时已经拥有了迈向文明时代的基础。

山东招远（金）、内蒙古白云鄂博（稀土）、甘肃金昌（镍）、江西大余（钨）、广西平果（铝）、贵州铜仁（汞）、云南个旧（锡）……这些依靠金属矿产发展起来的山地城市（或高原城市）均有独特的资源优势，并有相当广阔的市场。同时，上述也印证了我国是个有色金属资源比较丰富的国家。

文化加餐

无锡说“锡”

无锡地处长江三角洲，被誉为“太湖明珠”。传说很久以前，人们在这里发现了锡矿，就将地名唤作“有锡”。锡是一种金属，它与铜按一定比例铸成的合金，俗称“青铜”。在铜中加锡，不仅会使铜的熔点变低，也更易于加工，生产出来的金属更坚硬。

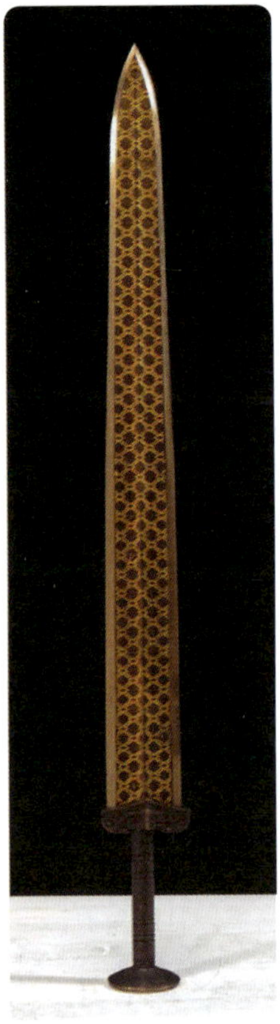
◎越王勾践剑

无锡在古代属于吴越地区，这里水网密布，无法使用战车，军队以步兵为主，而剑是步兵最实用的武器。当时的工匠已经可以在剑的不同部分加入不同比例的锡、铅，让剑身更有韧性，刃部更加锋利。1965年，我国出土了一把越王勾践使用过的青铜剑。当剑出土时，剑刃薄而锋利，能轻松划破20余层纸。

可惜的是，锡矿早已被挖尽，地名也改称“无锡”。百姓们感慨道：“有锡兵，天下争；无锡宁，天下清。”无锡之名，其实象征着安宁与和平。

而在现代，最具代表性的矿产城市，就是“钢都”鞍山。鞍山探明的铁矿储量达数十亿吨，著名的鞍山钢铁厂就位于此地。

鞍山钢铁既是新中国最早恢复生产的大型钢铁联合企业，也是新中国第一个钢铁生产基地。

在非金属资源方面，江西九江、福建福州、湖北武汉均与“茶”结缘，江西景德镇、河北唐山因“瓷”闻名天下，另外还有“药都”亳州、“乳都”呼和浩特、“锦城”成都、“绸都”南充、“鸢都”潍坊、“甜城”内江……若再论旅游资源，则天下名山大川所在的城市均可榜上有名，那真是数不胜数了。

“水”卷的厚载

再说说“靠水吃水”。蚌是一种生活在江河湖畔泥沙中的贝类，它还是蚌埠这座城市的别称。传说中，大禹治水“三过家门而不入”的故事，就发生在这里。它为什么叫“蚌埠”呢？原来，当地的河中盛产河蚌，因味道鲜美而广受人们喜爱，贸易繁荣。于是，人们便以“采珠之地”为这座城市取了名。这座坐落在湖畔、因水产而闻名的城市，在我国并不鲜见。

“芜”和“蚌”有相似之处。“芜”本指丛生的草，还有“乱”的意思。具体到一座城，由于水塘、湖泊、河流众多，“蓄水不深而生芜藻”，人们索性就称这座城市为芜湖。在古代，芜湖又称“鸠兹”。《诗经》开篇诗作《关雎》中唱道：“关关雎鸠，在河之洲。”所谓“雎鸠”，也叫鸠兹鸟，是一种水鸟。在当地河、湖繁多的有利环境下，鱼、虾、竹、苇、柿、栗等物产丰饶，推动了人口聚集与城市发展。不仅如此，由于青弋江、水阳江等贯穿境内，交通便利，加上气候适宜，芜湖盛产大米，历史上曾是我国四大米市之首。蚌埠与芜湖，一个在皖北，一个在皖南，一个是“河边产珍珠”，一个是“湖中多水草”，各自绽放着属于自己的华彩。

◎芜湖

也许有读者不熟悉“蚌”“芜”这两座城市，但“沪”“汕”两城则广为人知。“沪”“汕”本是古代捕鱼的工具，后成为特定地域的代称，今天是上海、汕头两座城市的别称。其中颇有汉字之趣的“沪”，值得一品。

沪的繁体字为“滬”，由“氵”“邑”“户”三部分组成。其中的“邑”字，上为“口”，是围成一圈的城墙；下为“巴”，是“阝”（右耳朵）的变形，代表人。“邑”可表示中小规模的城市。“户”则指屋子的单扇门。两“户”对开，称作“门”。“门”的繁体字“門”看起来像不像两个相对的“户”呢？我们

◎“邑”字的示意图

的祖先群居在一起，许多人家都只有单门，由于一户户紧挨着，就像人和人相随一样，引申为“随从”“护卫”之意，“扈”即“护卫城市”。最后再添上“氵”，表示水中一排排紧挨着的竹栅，就如同护城墙一样。

“沪”的捕鱼原理简单而巧妙：利用海水周期性涨落，渔民在潮间带预先构筑竹栅，涨潮时鱼群随海水进入沪内觅食，退潮后竹栅露出水面形成屏障，鱼被困于沪内，渔民便可以毫不费力地获取。

◎捕鱼工具——沪

◎“滬”字图解

事实上，关于“靠水吃水”，除了上海、汕头两座城市，放眼全国，这种情况也很寻常。在春秋战国时期，随着黄河中下游地区，以及汉水、淮河流域的开发，这些区域成为城市分布密集之地。《史记·货殖列传》中所列举的21个商业城市，分布在黄河流域的就有16个。

到了秦汉时期，我国终于迎来了城市形成的一个高峰期。特别是黄河中游一带，现在我们仍耳熟能详的咸阳、长安、洛阳都位于这一带。

南方地区的开发相对较晚，但发展得也不错。至唐代中后期，长江流域已先后设有州城15座、县城19座、重要集镇18处，其中建康（今南京）、广陵（今扬州）、润州（今镇江）、江陵（今荆州）、益州（今成都）、鄂州（今武汉）并称六大都市。

当然，也有些幸运的城市既能“靠山吃山”，又能“靠水吃水”。始建于宋末元初的丽江古城，就是其中的典型。它依托三座小山而建，背西北而面东南。冬季时，山脉有效阻隔了西北的寒气侵袭；夏季时，迎面接引东南季风，加上自身海拔高，气候凉爽湿润，可谓“藏风聚气”的风水宝地。

丽江古城内的道路，蜿蜒曲折，曲径通幽，难分南北。其实，这是深受地形影响的结果。用一种极具浪漫色彩的表达，即人与大自然在这里和谐共生。主街傍水，小巷临渠，300余座古石桥与河水、绿树、古巷、老屋相映成趣。丽江古城被誉为“东方威尼斯”“高原姑苏”。当地的人们利用城内涌泉，修建了多座水井，上池饮用，中塘洗菜，下游盥衣。对水资源的充分利用，对地形的因势利导，令人叹为观止。

◎丽江古城街道

丽江的城市发展，将山、水资源有机融合，催生出一种新的经济发展方式——旅游业。四季如画的景色与络绎不绝的游客已成为丽江亮丽的名片。

地理知识提要：

★ 城市的经济以非农业产业为主。

★ 我国有色金属资源丰富。依托有色金属优势，不少城市得以形成并发展壮大。

★ 城市的建立与发展，离不开种种区位条件，或“靠山吃山”，或“靠水吃水”，或兼而有之。

★ 我国古代南方地区和北方地区城市的兴起，均和河流密切相关。北方城市主要集中在黄河流域，南方城市主要集中在长江流域。

第二章

城市与交通

本章思维导图

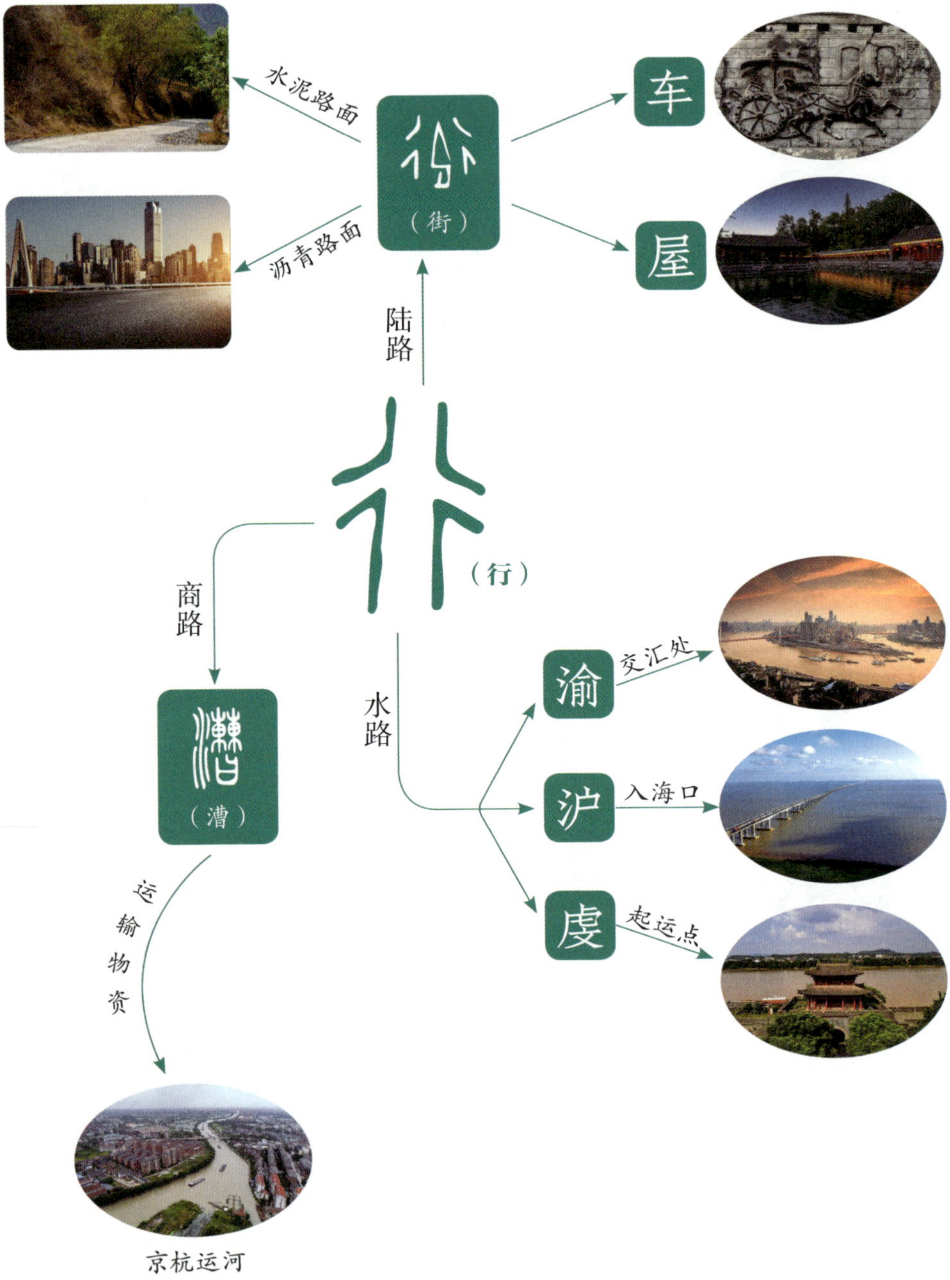

[字源]

行，人之步趋也。从彳，从亍。

——《说文解字》

[字解]

上图为“行”字的甲骨文，“行”是一个很接近其甲骨文字形的汉字，是典型的象形字。它的甲骨文字形是个宽宽敞敞的十字路口，本义为“道路”。“行”字也可用作动词，《说文解字》称“彳（chì），小步也；亍（chù），步止也”。什么是小步呢？“步”的金文为“”，是一前一后的两个可爱小脚，意为迈步向前。“小步”就是速度较慢地前行。“彳”加“亍”就是慢慢走、走走停停之意。《诗经·小雅》曰：“高山仰止，景行行止。”注意，这两个“行”字分别是“道路”和“行走”之意。整句诗的意思是，高人令人仰望，大道使人遵循！

“行”还可“浓缩”为“彳”（俗称“双人旁”“双立人”）。凡带这一偏旁的字，意思多与“行走”“道路”有关，如“徐”的本义为安舒地行走，“循”的本义为顺着次序行走。《论语·述而》中有“三人行，必有我师焉”，这里的“行”就是“行走”之意。

随着历史的发展，“行”还有“通行”“联通”等意思，又渐渐演变出“交换”等经济学概念，兼有了“营业所”“银行”“商行”等含义，此时读音为“háng”。你看，一个十分简单、常见的汉字，就把交通与经济联系了起来。

[字变]

[字说地理]

大“路”之行

细心的读者可能会发现，对一座城市而言，原料（资源）固然重要，但有时即便原料再多，城市也未必能拓展格局。这是因为其中还有一个关键因素——交通。

交通的产生，首先起于“行”。当“行”作名词时，代表“道路”。原始社会时期，人们在打猎时出于省力的缘故，常沿着动物的足迹行走。那些足迹反复出现之处，慢慢形成了最初的“行”（道路）。唐朝有一位进士叫卢藏用，尚未发迹时他特别想当官，于是就模仿古代的贤达，在京城附近的终南山隐居。随着名声日渐显赫，朝廷最终征召他入仕。后来，有个叫司马承祯的人欲退隐于天台山。卢藏用建议他去终南山，司马承祯笑道：“终南山的确是通往官场的捷径啊！”成语“终南捷径”就此诞生。

我们从中可知，“径”指小路，具有隐秘性。它的形成，恰如鲁迅先生在短篇小说《故乡》中所言：“其实地上本没有路，走的人多了，也便成了路。”根据《释名·释道》记载，所谓“道”，也就是“蹈”；所谓“路”，也就是“露”。“道路”就是“人所践蹈而露见也”。小径出现之后，人类活动范围不断扩大，道路越来越宽，长度也不断增加。

接下来，人们役使牛马从事运输，并由此逐渐形成了驮运道。传说中，奚仲在4000多年前创造了第一辆车。“车”字的甲骨文非常形象，并且“款式”丰富。今天我们仍能在古代砖画上看到特别清晰的“车”的模样。最初的车是牛车，秦代叫“大

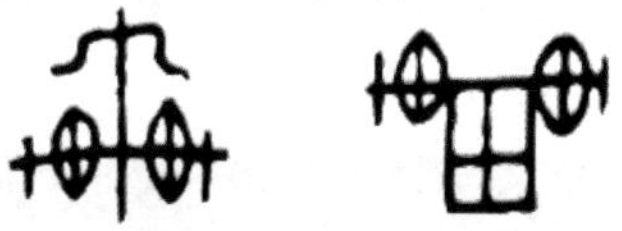

◎“车”字的甲骨文

◎古代砖画上的“车”

车”，唐代叫“长檐车”，宋代叫“太平车”。在我国广大的农村地区，现在依旧可以见到牛车的身影。

当然，勤勤恳恳的老黄牛行进的速度有点慢，更适合运送粮食等体积大、分量重，且不急用、不易变质的商品。为提升运输效率，人类逐渐驯化出更适应快捷运输的工具——马车。马的用途比牛多，可以骑乘、驮货、拉车。马车的速度比牛车快，在运输丝绸等精细货物时，优势明显。直到19世纪工业革命前夕，马车仍然穿行在城市的大街小巷。毫无疑问，在古代运输体系评估中，速度是个很重要的指标，因为它关系到运输的效率。

◎古代轩车

◎北京恭王府中的棣华轩

当道路网络以及运输工具逐渐完善后，交通与城市的互动关系才得以形成。往小处说，交通与城市建筑有着天然的联系。“轩”本是一种前顶较高而有帷幕的马车，后来，人们把有窗的敞亮小屋、长廊称为“轩”。再如“梁”，在《说文解字》中的释义为“水桥”。我们看其字形：左边表示水流，右边为“刅”，表示砍伐，下边再添个木，合起来的意思是砍伐树木，搭建水上过道。根据桥梁横跨而高起的外形，人们会很自然地想到屋梁。于是，架在河流上的叫作“桥”，架在屋子上的称为“梁”。

往大处说，整个城市的市场繁荣，都与“行”有关。譬如郭沫若先生写过一首非常有名的诗，名叫《天上的街市》。按理说“街”是一条道路，怎么就和“市”组成词了呢？这里面的道理，古人其实看得很清楚。“街”是一个会意字，在“行”的中间夹着一个“圭”。“行”在甲骨文中，也可写作“”，道路中央多出了一只脚（），其为“止（趾）”，意为“行走”。“市”字的金文中，同样有这个“止（趾）”。两者在构形上的相似性，可见一斑。

再说说“街”字中的“圭”。这是一种测量工具，可测定路面的宽窄、高低、走向等，关乎街道的采光时长、通行效率等问题。当然，也有人说“圭”是古代一种质地坚硬平整的玉器，代表街道路面坚硬、平坦。

那么，城市的路面为什么要有上述特质呢？这是因为街道两边商铺众多，古人乘坐马车、牛车或其他交通工具前来贸易，一旦遭遇雨雪天气，普通的路面会泥泞不堪，若是再崎岖不平，则会大大增加通行难度。相反，硬质路面就能很好地解决这一问题。早在我国的商代，人们就掌握了夯土筑路技术，用石灰稳定土壤。考古中多次发现碎陶片、砾石铺就的路面。今天，水泥、沥青让我们有了更多、更优的选择。

知识拓展

水泥路面与沥青路面

你发现了吗？今天城市内的道路，通常使用沥青路面。相比之下，乡村道路仍普遍使用水泥路面。

沥青路面在视觉感受上，似乎比水泥路面更具品质感。黑色的沥青路面配上白色、黄色乃至彩色的道路标识和标线，异常漂亮。那么，沥青路面和水泥路面到底孰优孰劣呢？从历史来看，水泥路面在很长时间内占据优势。一方面，其价格相对低廉、使用寿命长；另一方面，其硬度较大，人们称之为“刚性路面”，在需要承受较大压力的情况下，水泥路面具有显著优势。比如机场跑道，上百吨的飞机每天起降都没问题。在对速度要求不高的步行街、市场、乡村等区域，水泥路面同样展现出独特优势。

不过，水泥凝固后的硬度非常大，这使得路面缓冲能力差，平整度也稍逊。为了增大摩擦力，水泥路面上还会设置很多横纹，因此车辆行驶时噪声较大，人坐在车内也

◎乡村的水泥路面

◎城市的沥青路面

会被颠簸得较为难受。此外，水泥路面损坏后的维修也较麻烦。

沥青路面中所使用的沥青是通过对提炼石油时产生的残留物进行精炼而得到的，它具有良好的黏结性和抗水性。沥青与石子混合后铺成的路面属于“柔性路面”。这种特性使得沥青路面施工难度小，较为平整，且车辆在上面行驶时较为平稳。然而，沥青路面寿命相对较短，成本较高，不能承受重压——要是飞机在上面降落，非砸出个大坑不可！

所以，以上两种路面各有优劣，在不同场合下，均有用武之地。从城市的社会、经济发展来看，沥青路面更适合城市道路建设。

不管怎么说，“街”都是人精心规划出来的产物。它的基本含义中，包括“城市”“商业”等核心要素。郭沫若诗中描写的“街市”，就是商铺林立的繁华闹市。实际上，“街”与“市”是相辅相成的。用今天的话说，就叫“要致富，先修路”。

神奇陆“轨”

我国北方城市因具有大面积的开阔地形，其“行”（道路）布局四四方方，看起来犹如一个大棋盘，并且自古至今，没有太大的变化。《周礼·考工记》中记载：“匠人营国方九里，旁三门。国中九经九纬，经涂九轨。”大意是，匠人营建的都城大小九里见方，都城的四边每边开三个门。都城中有九条南北大道、九条东西大道，每条大道可容九辆车并行。

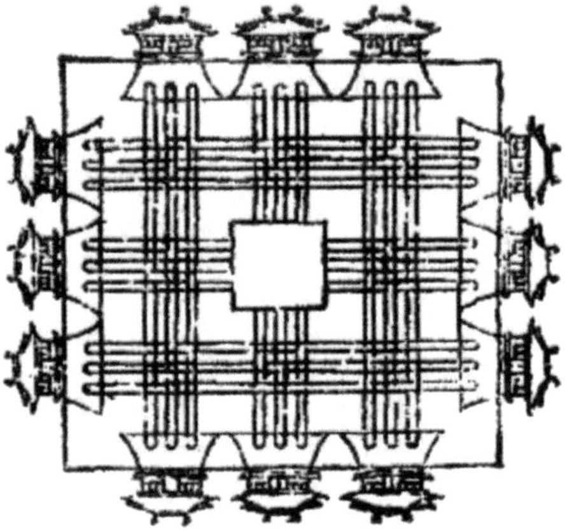

◎《周礼》中的城市布局，道路就像棋盘

想想看，每条路上可以九车并行，那场面可是相当壮观了。此外，秦始皇统一六国后，下令“车同轨”。所谓“车同轨”，是指统一规定车轨距离为六尺（今约23.1厘米）。

你是否有过这样的经历：在特别泥泞的路面上骑自行车时，会感觉车子扭来扭去，很容易打滑。在这种路面上骑车，不但通行效率低下，而且危机重重，一不小心就会摔倒。这时，相对安全的办法就是沿着路面上已有的车轮印骑行。

马车的行驶也可以遵循同样的原理。当马车车轮距统一时，道路上就会被轧出深度均匀的平行车辙印。后车沿着车辙印走，可以大大提高行驶效率，这也许就是最早的轨道交通。

16世纪时，随着欧洲采矿业的发展，出现了一种使用木质轨道的矿车，矿车由绳索拉动，车轮在两根木轨上行驶，行驶速度大为提高。后来，这种木质轨道开始用于运输，人们计算之后发现，单匹马的有轨车，载货量是无轨车的四倍。之后，木质轨道被更耐用的铁轨取代，蒸汽机车逐步替代了马车，这种轨道运输理念为今天的地铁、轻轨等城市轨道交通的诞生奠定了基础。早期的有轨车的灵活性虽然不太好，但速度越来越快了。

城市的建设者，借助交通的不断改进，将远方的物资、能源，乃至思想、制度引入进来。同时，他们也输出优势产品，把资源优势转化为实实在在的市场优势、经济优势。

◎方便、快捷的轨道交通是现代化城市的“标配”，更是经济腾飞的“引擎”

早在春秋战国时期，我国的城市发展就达到了一个高峰，出现了一批著名的交通网络发达的城市。比如，当时的洛阳，地处交通要冲，“居天下之中”，“东贾齐鲁，南贾梁楚”。这里的“贾”就是做买卖的意思，说明当地十分有利于发展商业贸易。再如，山东的定陶，地处齐、宋、鲁、卫交界处，是可沟通东西南北的交通枢纽和货物交易市场，熙熙攘攘，想不兴旺都难。

齐国的都城临淄是一座工业城市，城内冶铁、制铜等手工业发达，加上便利的交通，商业繁荣昌盛。公元前333年，苏秦在齐宣王面前游说时，称“临淄之途，车毂击，人肩摩，连衽成帷，举袂成幕，挥汗成雨，家殷人足，志高气扬”。其大意是临淄的路上，车辆紧挨，轮子与轮子相擦；行人走路，肩膀挨着肩膀。

大家把衣袖举起来，就像一块巨大的帷幕；每人挥一挥汗，犹如下了一场雨。当地家家殷实、户户富庶，市场兴旺，经济繁荣。“仓廪实而知礼节”，人人感到开心、幸福。

若说上述例证已成历史，那我们再来看看现实。我国新疆有座“八卦城”，城内按照八卦方位有序地向外辐射出乾、坤、震、坎、艮、巽、离、兑八条大街，由四条环路相连，纵横舒展，错落有致，尽显构思之巧、设计之美！城内虽无交通信号灯，但交通依然顺畅，经济、文化、生活等领域的发展水平遥遥领先于同地区的其他城市，堪称“微洛阳”“小临淄”了吧！

◎新疆的“八卦城”

无独有偶，欧洲的意大利有座帕尔马诺瓦城，外形为九角星，该城的街道呈放射状排列，其陆路交道异常畅通，可谓是西方的“八卦城”。

黄金“水”道

在江河湖海上的“行”，我们统称为水路。它的重要性，人们认识得比陆路稍晚一些。原因在于最初的产品交换，都是小范围的。但随着城市规模的扩大、市场的繁荣、远距离运输需求的增加，水路交通发展就变成了亟待解决的问题。不论是牛车、马车还是人力车，都难以满足远距离运输的长期需求。有什么方式，既可以不分昼夜地长时间、远距离运输，又不会让人感到疲劳，甚至无须消耗一粒粮食呢？这时人们想到了河流。

水不仅仅是一种资源，它还有载舟的本事。船只顺着水流运送各类货物，便是水运。只要船足够大，无论多大多重的货物都能被带往目的地。所以，水运是非常适合长距离运输的。古代主要在长江、黄河或其他大型河流内运输，现代则出现了跨越大洋的远洋运输。低廉的成本始终是其突出的竞争优势。

你看过《辛巴达历险记》吗？神通广大的阿拉伯水手辛巴达于航海路上遇到过鲸鱼、巨鸟、神鹰、食人怪等各种奇异的东西，他最终都能化险为夷。实际上，航海并不能随心所欲地改变方向、路径，无论是在江河上还是海洋中，船只都只能沿着固定的航道穿行。这就好比我们前面提到的“车辙印”，陆路运输也是沿着固定线路前行的。

如果船员轻易地变更航道，水下未知的礁石、水面不测的风浪，以及看不见的洋流，都可能带来灭顶之灾。辛巴达一路的奇遇，就航海规律而言，正是与他脱离了正确的航道有关。但世界上哪有那么多现成的“车辙印”呢？辛巴达可算作古代贸易商路的开拓者和航海家的典型代表，更是古代先驱者开拓精神的艺术象征。

当人类掌握了在江河湖海中航行的技术后，繁荣的贸易活动促使一座座城市拔地而起。“淮”“汝”“洛”这些表示河流的汉字，频繁出现在城市的名字中，即是证据。

为便于分类说明，我们不妨聚焦长江流域。泸州、合江、江津……这些享受着水运红利的璀璨明珠，分布于长江沿岸，其中的绝大部分城市是由小小的港口演变而来的。

先说说由河流起运点催生的港口。所谓河流起运点，是指河运的起点或终点。河流的上游通常水流湍急、落差较大，不适宜航运。不难理解，只有在水流较为平稳的中下游河段，才能发展航运。

比如，江西省有一条贯穿全省、由南至北流动的河流——赣江，它是长江的支流之一。在赣江上游有一座城市，名字就叫

◎赣江

“赣州”，别称为“虔州”。赣州是典型的河流起运点城市——如果周边有货物需外运，那么都会经陆路集中至赣州，然后装船往外运，此时赣州就是河运的起点；如果外面有货物要运进来，那么赣州就是河运的终点。赣州因承担货物水路转运功能，也就兴起为城市。

文化加餐

趣说赣州

赣州东有章水，西有贡水，两条河流在其境内的八镜台附近交汇成一条新河。于是，突发奇想的古人把“章”“贡”二字组合在一起，变成“赣”，读音为“gàn”。它既是这条新河的名字，也是城市之名，还是江西省的简称。

◎古浮桥遗址

历史上许多名人雅士曾在赣州流连——哲学家王阳明曾在此讲学，辛弃疾的“青山遮不住，毕竟东流去”吟诵的正是这里的景色。漫步斑驳的宋代古城墙，走过那已经有800多岁的古浮桥，章水、贡水静静流淌，三江六岸星火点点，赣州的清雅、从容和闲淡便随着这微风和流水深深地印在每个中国人的心里。

位于两条大河交汇处的城市，相较于单一河流沿岸城市，往往拥有更大的货物转运量，也有了更大的服务范围。章水与贡水并不算大河，所汇成的赣江，其影响力在全国亦不是最大的。相比而言，长江的影响力则更为显著，汉江与长江交汇处的武汉，已发展为我国中部城市群中核心枢纽城市；嘉陵江与长江交汇处的重庆、金沙江与岷江交汇处的宜宾、赣江与长江交汇处的九江，均展现出强劲的发展势头，未来可期。

◎汉江与长江交汇处的武汉

◎嘉陵江与长江交汇处的重庆

河流的入海口对城市发展极具价值，特别是在海运兴起之后。河海联运的优势，更是拓展了城市的未来发展空间。上海就位于“黄金水道”长江的入海口，河运和海运的双重加持、赋能，助力其发展成为国际著名城市。天津的别称为“津门”，“津”有“渡口”的含义。天津位于海河的入海口，正是有了海河，才有了地处“海运、商舶往来之冲”的天津。

从历史上看，在元朝之前，天津只是一个不起眼的小寨子，叫作“直沽寨”。直到元世祖忽必烈建立元朝，把都城搬到大都（今北京）后，它才迅速发展起来。随着忽必烈定都北京，北京的人口从十几万迅速增至八十多万，只靠当地的粮食是远远不够吃的，粮食运输就成了当务之急。这时，有大臣建议走海洋运输，把江苏、浙江一带的粮食通过海路运抵直沽，再经内河转运至大都。忽必烈同意了这一建议。后来，通过一些有航海经验的水手的摸索，海上运粮航线得以成功开发。

天津毗临渤海且紧靠北京，成为粮食海运的北端点。在这里，人们把粮食从船上卸下来，然后经内河漕运转运至北京。很快，因大量人员的聚集，天津发展成为大型城市。时代的风云际会，使其发展成为近代中国北方最大的工商业城市和港口贸易中心。

需要补充的是，如果河流不适合漕运发展，那么在河流入海口就很难形成城市。我国第二长河——黄河，它的下游至入海口的河道极不稳定，历史上多次不按“车辙印”走，而每一次黄河改道，都会给沿岸城市带来洪水等巨大灾难。徐州这座城市，曾经尽享地利之便，尤其是漕运带来的优势，市场、资源、技术、人才等要素叠加赋能，创造了繁荣的景象。然而，黄河改道后，漕运先萎缩后消失，加上洪水泛滥，徐州的城市发展轨迹就这样被滚滚浊流改写。

地理知识提要：

★“要致富，先修路”，良好的交通条件对城市的繁荣具有重要意义；反之，交通系统的不足或滞后，会阻碍城市的良性发展。

★ 在不同的交通工具中，火车（尤其是现代高铁）具有运量大、速度快的优势，但灵活性相对较弱。

★ 漕运适合长距离运输，运量大，运费低廉，是国际运输中最重要的方式之一，但也存在灵活性不足的问题。

★ 在河流起运点、河流交汇处、江河入海口等重要位置，往往会发展出城市，甚至演变为大城市、特大城市。

[字源]

漕，水转谷也。

——《说文解字》

[字解]

先看“曹”字的金文“”，上部的两个“東（东）”，甲骨文写作“”，代表扎得鼓鼓囊囊的两只大口袋；下部的“曰”，甲骨文写作“”，代表大口袋。两部分合起来，表示大口袋里装满东西。

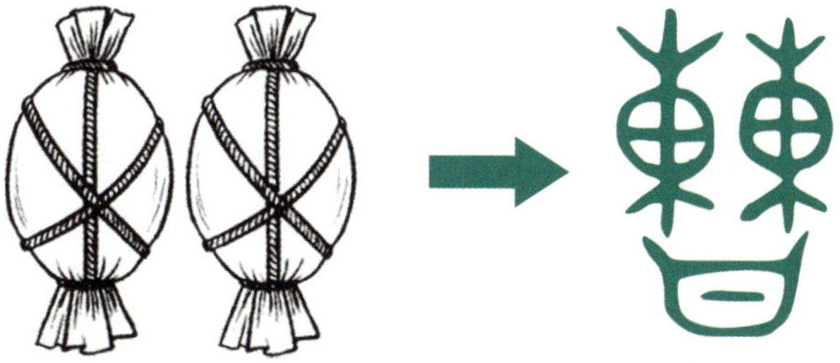

◎“曹”一开始是个象形字，后多用作姓氏

加上“氵”之后，也很好理解，即利用流动的河水将大口袋（货物）运往目的地。

也有人认为“漕”是由“槽”转变过来的。“槽”是木头凿成的长条形盛具，将“木”变成“氵”之后，比喻人工开凿的运输粮食、茶叶、绸缎、木材等物资的河道。不知是不是巧合，“长条形盛具”与大多数悠长的运河，在外形上多少有点相像，都是中间低两边高。总之，“漕”因运输而生，“转运粮食”（“转谷”）也是它的设立初衷。只是，在历史的汹涌浪潮下，最初的设计者或许想不到，多少城市将因它而起，也因它而没。

[字变]

篆书　　楷书

[字说地理]

“漕”运的崛起

公元前219年，统一了六国的秦始皇正意气风发，开始南征。然而，浩浩荡荡的秦军并未能如预想中的那般势如破竹。南征途中山间林密，毒虫遍地，瘴气四漫，湿热难耐；加上当地部落依仗地利，经常夜袭、游击，诸多麻烦令秦军疲惫不堪。

但这些尚可克服，真正的难题是南岭，由于它的阻隔，中原粮草无法运到前线。这个根本性的问题不解决，将成为致命隐患，秦始皇为此茶饭不思。幸好，很快就有谋士发现，在今天的湖南、广西之间有一条长长的通道，叫作“湘桂走廊”，它正是连接长江流域、珠江流域的地段。如果能将这条通道打通，不就可以走水路运送粮草了吗？

知识拓展

南　岭

在中国幅员辽阔的版图南部，有座逶迤的庞大山脉横亘在广东北部、湖南西南部和广西东北部之间，名叫“南岭”。因其从东至西有大庾岭、骑田岭、萌渚岭、都庞岭、越城岭五大岭，故又称“五岭”。

南岭具有重要的地理意义，是长江与珠江的分水岭，山高林密，难以逾越。

◎南岭

这一伟大的构想很快得到秦始皇的赞同、支持，并在五年后成为现实：公元前214年，秦军和百姓修建了一条人工河，叫作灵渠，也称湘桂运河。中原粮草从此可以通过珠江水系运抵岭南各地。秦军经灵渠入漓水而直通桂林，极大地方便了运输。得益于灵渠的开通，秦始皇最终平定岭南地区，实现了“大一统”的梦想。

◎灵渠风光一景

实际上，灵渠的主要功能之一就是漕运。在古代，通过河流运输粮草的方式统称漕运。“漕”字最初表示以水路运送漕米，所用船只叫漕船，运送的粮食叫漕粮（其中大米专称漕米），驾驶漕船的士兵、船夫叫漕丁、漕夫。后来，“漕”引申为以水运发展商贸之意。

继秦始皇修建灵渠之后，汉武帝开凿了连接长安与黄河的漕渠；曹操贯通了平虏渠、泉州渠、新河等一系列运河；而隋炀帝更是以宏大的战略视野，倾全国之力，调百万民夫，最终完成了贯通南北的大运河体系——京杭运河的主体工程。

每一条用于漕运的人工河都与沿岸城市唇齿相依，荣辱与共。它承担着“市”的核心功能：无数沿岸城市正是得益于它的开通，从默默无闻的村庄迅速崛起，成为中心城市、大城市。战国时的广陵（今扬州市区），就是在吴国建设邗沟后，逐步走向鼎盛的，甚至可以说，邗沟的开通极大促进了广陵这座城市的繁荣发展。隋朝期间，邗沟被纳入京杭运河体系，加上原南方经济中心建康遭战火摧毁，江都（今扬州市南部）一跃成为南方的经济中心。

当时的扬州有多繁荣呢？

扬州是一座消费城市，那里商贾云集，店铺栉比，各种货物，从高档的珠宝绫罗到日常生活用品，精美华丽，应有尽有。那里不仅山水风光明媚秀丽，而且有数不清的戏楼、酒馆、茶店，有风姿绰约的舞女、身怀绝技的艺人、手艺高明的厨师和充满浓郁地方风味的美味佳肴，可以供人们尽情地吃喝玩乐，尽情地享受挥霍。无论是白天还是夜晚，扬州的生活总是沉浸在一派热闹、繁华、喧腾的气氛之中。

除了扬州，可以说京杭运河沿线的苏州、杭州等城市，在此后的1000多年时间里，一直是中国最重要的商业城市。这里，我们需要重点提到北京。说北京是座“水上漂来的城市”，一点儿也不假，京杭运河的“京”就指北京。这条极其重要的运河，承担着将南方的资源——粮食、百货、建材等源源不断运进北京的重要使命，而北京也借助这些顺着京杭运河“漂”来的物资，持

◎京杭运河

续繁荣。

到了明代，北京再次被选为一国之都。一个新兴王朝，意味着众多宫殿、庙宇、园林、楼阁正等着修建。这其中有两种木材必不可少：楠木和杉木。它们出产于南方地区，如湖南、广东、四川、贵州。这些上等的木材，坚固耐用，但体积庞大，运输困难。不过，这可难不倒采办的官员们，他们往往会等雨季来临，将事先砍伐好的木材编成木筏，利用山洪或人力推入溪流，再引入长江，最后通过京杭运河转运至北京。

除了木材，还有砖。在营造皇宫时，常用的砖有山东贡砖和江苏金砖。贡砖产于运河边的山东临清，当地运河淤泥土质优良、细腻无杂质，经过20多道工序，摇身一变，成为宫殿、城楼建筑的重要材料。金砖也很特别，其名“金”既因质地坚硬、敲起来有清脆的金石之声，也谐音于“京”。金砖并不用于砌筑墙体，而是铺在地面上，故宫、太庙、国子监等建筑中均可见其踪影。这两种砖均通过船只经京杭运河运入北京，成为撑起京都繁荣的万千物产之一。

如果说“城”提供的是物理空间，为居民提供生存资源，以及安全（防卫）保障，那么运河作为“买卖之所”，就发挥着“致天下之民，聚天下之货”的关键作用。依托运河的交通、物流、商贸网络，明清时期常州、无锡、嘉兴等大小城市崛起为商业重镇，形成规模庞大的运河城市群。这也直接影响了今天中国商业城市的基本布局。

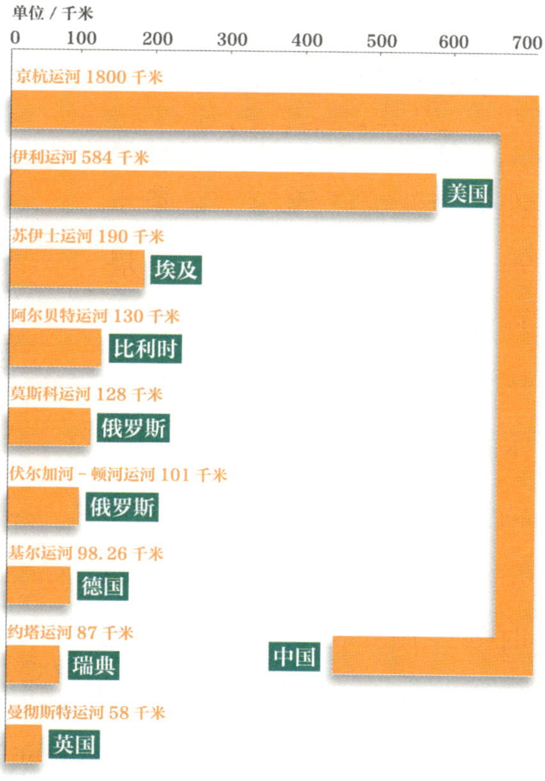

◎世界著名运河长度一览

城市的鸿“沟”

“开封有个包青天，铁面无私辨忠奸……”这是电视剧《包青天》主题曲中的一句歌词。开封城并非剧中杜撰，它是我国著名的古都，历史上有大梁、浚仪、汴州、汴梁等别称——你瞧，名字中几乎都有个“氵”，可见它与河流有解不开的缘分。

没错，开封的兴起和昌盛，与漕运紧密相连。战国时期，魏国的第三任君主魏惠王为了实现富国强兵、称霸中原的雄心，耗时20余年，挖了一条名叫“鸿沟”的沟渠，将黄河与淮河连接起来。“鸿沟”之名，很多人感到陌生，但它的另一个名字——中国象棋中的楚河汉界，想必无人不知、无人不晓。

◎中国象棋中的楚河汉界

看到“沟”这个字，或许你会认为“鸿沟”是条水沟，这就望文生义了。它堪称我国历史上最古老的运河之一。公元前202年，僵持不下的楚汉大军在这里谈判，约定从此平分天下。谁知道，刘邦趁项羽撤军退兵的时候，撕毁协议，一举越过鸿沟，彻底击溃楚军主力，从而建立汉朝。从此，“鸿沟”载入史册，不但衍生出不可逾越界限的文化景象，还变成了中国象棋中的楚河汉界，传承至今。

这条“鸿沟”呈南北走向，在中原大地上与其他东西走向的河流交织形成一张完整的水路运输网，发达的漕运使得周围地区物产丰饶、人丁兴旺、经济繁荣。当时，位于水陆交通枢纽的大梁一跃成为中原首屈一指的名都。

知识拓展

自然河与人口河

我国整体地势西高东低，这使得自然形成的河流走向以“一江春水向东流”为常见，长江、黄河、淮河、珠江等均是如此。不过，这些大河的支流倒有很多是南北走向的，彼此还挨得比较近。

人们很快发现：东西走向的河流天然具备漕运便利性，南北走向的河流存在运输障碍。如何解决呢？最有效的办法就是在这些南北走向的支流间开挖运河，将其与另一条大河的支流相连。今天，我们看到的许多人工河大多呈南北走向，原因即在于此。

泾渭和经纬

你听过“泾渭分明”这个成语吗？“泾”和“渭”不仅是两条河的名字，更蕴含着深厚的地理文化内涵：“泾”类似于地理经纬中的“经”，代表南北走向的河流，如一条经线；“渭”犹如纬线，代表东西走向的河

◎地球仪

◎渭河

流。实际上，泾河自西北向东南蜿蜒，最终于高陵境内注入渭河；渭河自西向东穿西安而过。由此可见，即使是普通汉字，只要用心琢磨，也能从中学到不少地理知识呢！

开封的好日子，在北宋时期达到了巅峰状态。那时的开封空前繁荣，人口超过百万，是全国政治、经济和文化中心，还是闻名遐迩的国际大都市。

◎开封

但北宋以后，原本距离开封100千米左右的黄河，逐渐向开封方向移动，两者越来越近，最近时只有5千米。面对汹涌的黄河水，开封已不再像从前那样安全。开封曾叫“浚仪”，“浚”表示“疏通”，也是河名。一条需要疏通的河，拿来给城市作名，恐不吉利。果然，在这之后700余年中，黄河在开封及其邻近地区累计决口、泛滥110多次，而开封城曾7次为河水所淹。

当然，人们并非没有尝试利用运河防汛。沿着京杭运河走，在河北沧州境内，你会看到一段200多米的月牙形堤坝。它修建于清朝后期，旨在抵御运河洪水对沿岸道路和村庄的冲刷淹没。叫人称绝的是——这段堤坝又被称为“糯米大坝”，整体由糯米浆、黄土、白灰混合搅拌而成。当时，河水曾多次在此地决口，当地百姓就利用糯米浆的黏性，加强夯筑材料的牢固性。大坝修成后，一个半世纪过去了，从未出现过决堤的现象。

“糯米大坝”虽好，但长度有限，不可能保护运河的所有地段。加上黄河改道等重大事件的负面影响，北宋时期形成的汴河、蔡河、五丈河、金水河等运河体系的航运功能严重受损。从此以后，开封渐渐没落。

城市是一个巨大而开放的系统，它一刻不停地与外界进行着物资、人员、信息的流通——恰似人的呼吸系统，在呼（输出）、吸（输入）交替中，实现物质循环化。开封赖以繁荣的交通和贸易条件，却因漕运网络的破坏而中断。这不仅仅影响漕运，更对城市的核心竞争力造成难以估量的损害。没过多久，开封便神采黯淡，辉煌尽失。

◎扬州

与开封有着相似命运的，是扬州。扬州之兴，在于京杭运河的漕运。在清朝前期，扬州坐拥南北漕运中心、食盐集散中心的巨大优势，盛极一时。但在清朝道光年间，黄河泛滥，乃至“抢道”淮河。黄河夺淮入海的过程使京杭运河被大量的泥沙淤塞，漕运被迫中断。

更糟糕的是，此时爆发的太平天国运动让漕运雪上加霜。太平军三次攻占扬州，彻底截断运河线路，许多盐商富户逃亡别处，扬州元气大伤。交通中心的地位一旦失去，就很难恢复了。

◎扬州盐商宅第介绍

从整个城市发展历史来看，撇开地震、火山爆发等自然灾害，以及战争等极端因素，那些曾促使一个城市不断繁荣兴盛的条件，也有可能导致这个城市最终的衰落。开封和扬州就是典型的印证。

地理知识提要：

★ 南岭具有重要的地理意义，是长江与珠江的分水岭。

★ 我国东部的运河，深刻影响了现代商业城市的基本布局。

★ 运河具有交通、经济、防洪、军事等多种用途，对城市发展意义重大。

★ 运输之兴，可以推动城市迅速崛起；运输之衰，可以令城市陷入困境，甚至一蹶不振。

第三章

城市与建筑

本章思维导图

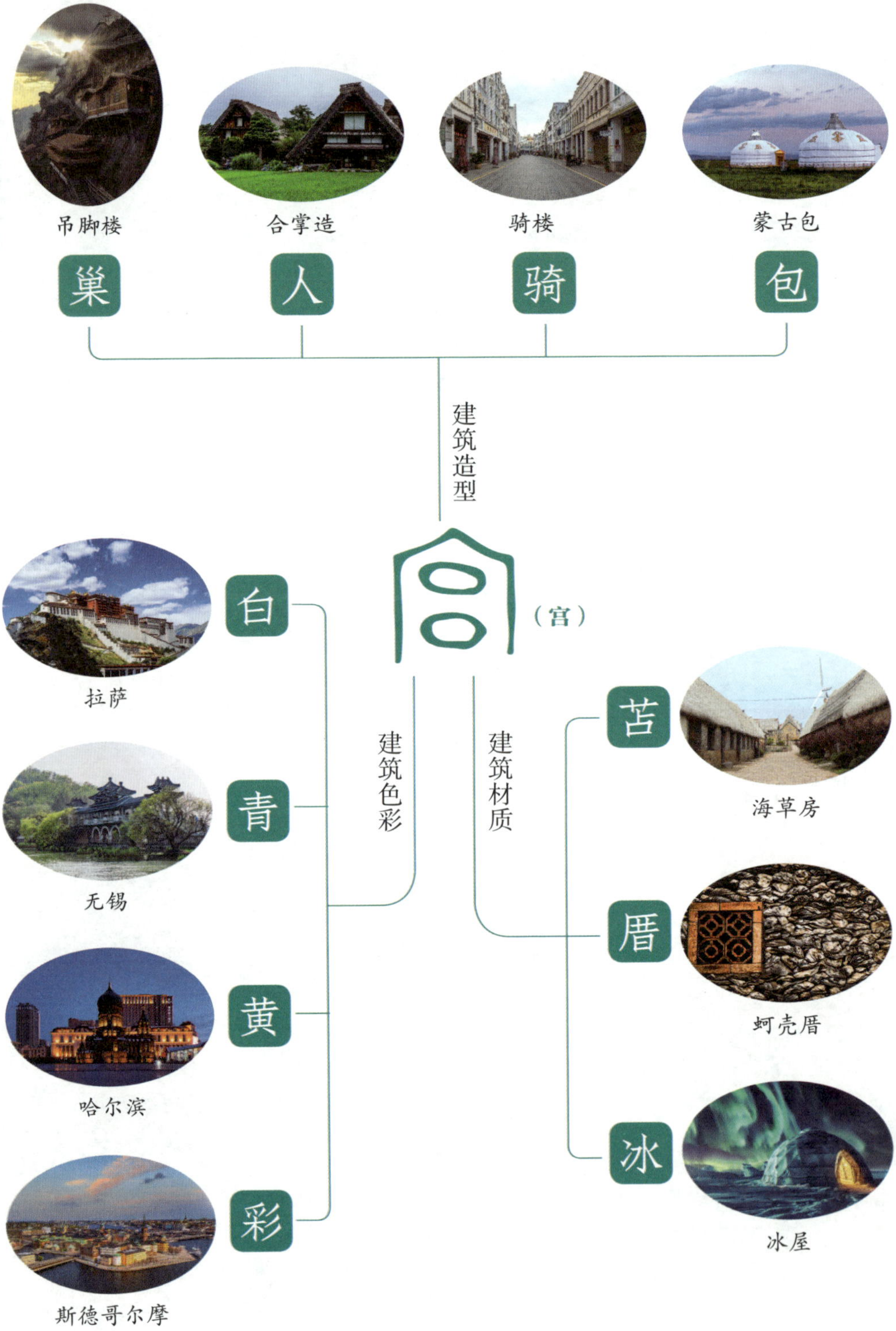

吊脚楼
巢
合掌造
人
骑楼
骑
蒙古包
包
建筑造型
（宫）
建筑色彩
建筑材质
白
拉萨
青
无锡
黄
哈尔滨
彩
斯德哥尔摩
苫
海草房
厝
蚵壳厝
冰
冰屋

[字源]

宫，室也。

——《说文解字》

[字解]

“宫”是象形字。上图是“宫”的甲骨文，上方是一个房屋顶部的形状，下方的两个“口”形上下排列，一个是窗，另一个是门。从整体上看，这是一间房子的主视图。还有一种观点认为，远古时代，人们多居住在洞穴中，“宫”的上方是个洞口，下方的两个“口”表示洞穴内一个个彼此相连的小洞窟。没错，“宫”的确是从洞窟发展而来的。而且在秦汉以前，它是普通人住的房屋或居舍的统称。《墨子·号令》中有“父母妻子，皆同其宫”，用现代汉语翻译，就是父母、妻子与孩子，都住在同一间房里。不过，随着时代的发展，“宫”变得越来越复杂，其作为家庭财富象征的功能也日益凸显。

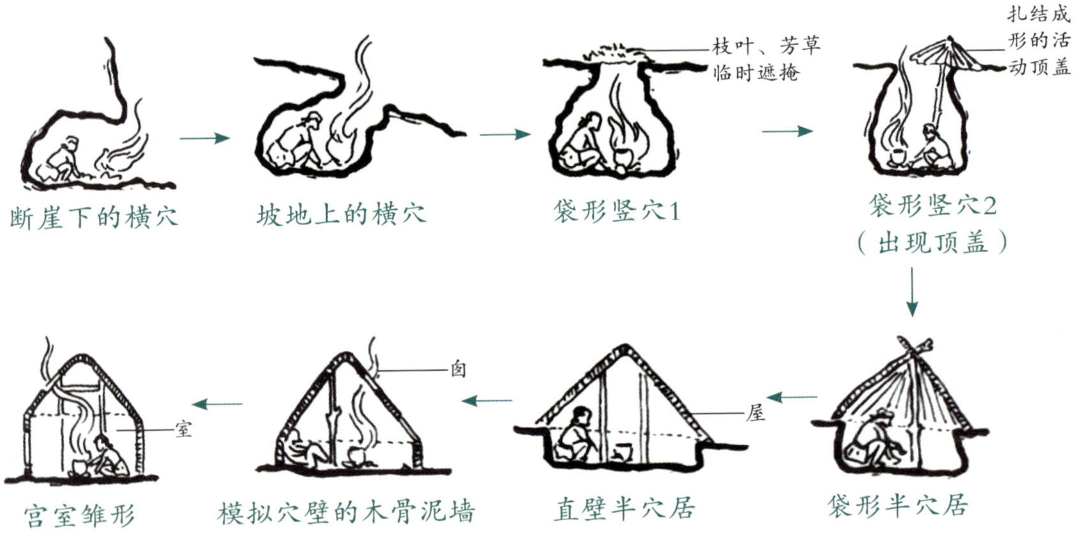

[字变]

甲骨文　金文　战国文字　篆书　隶书

[字说地理]

聚“宫”为城

在北京，你会看到著名的“鸟巢”；来到上海，则有“东方明珠”；再去广州，“小蛮腰”在等你。国外例子也不少，纽约有帝国大厦，巴黎有卢浮宫……几乎每座大城市都有自己的地标建筑。

城市地标也好，“打卡景点”也罢，这些让人印象深刻的建筑，崛起于无数座普通的亭台楼宇中。一座城，或大或小，或新或旧，终归是一众建筑“集合”的产物。每一处房舍，都是城市的细胞，影响甚至决定着它的昨天、今天和明天。下面，我们不妨从建筑的角度回溯城市的发展，走进一个崭新的汉字世界。

在上一章中，我们谈到地形、交通等要素，它们与城市的选址、布局关系紧密。接下来，若想继续具体了解城市的房屋材质、形态、颜色等话题，就与其他要素有关，其中气候是最需要讨论的。当然，我们还会顺便提到宗教、文化等不同要素。

比如，重庆别称为“雾都”，因为它属于亚热带湿润季风气候，水热条件好，又位于四川盆地东南部，空气流动性弱，故多雾；昆明别名为“春城”，因为它冬无严寒，夏无酷暑，四季如春。在气候方面，有特色别称的城市还包括“冰城”哈尔滨、“火洲”吐鲁番、“夏都”西宁、“凉都”六盘水、“雨港”基隆……这个名单，还可以列得很长很长。

不妨，我们就从小小的汉字“宫”说起吧！“宫”起源于人类的穴居。什么是穴居呢？就是在原始社会时期，人类起居活动的建筑形式。许多和建筑有关的字都以“穴”为部首，如窗、穹、窑、窖，这其实是穴居时代的印记。从空间上看，“穴居”的地域范围主要是拥有广阔而丰厚的黄土层的黄河流域，大多分布在我国北方地区。

北方的气候环境较为严苛：夏季高温且多暴雨，冬季低温且多寒风，整体偏干燥。相对来说，冬暖夏凉且安全舒适的山洞简直是早期人类生活的完美选择。“穴”也成了人们最初的房子。但穴居久了，也有缺点：地下洞穴过于潮湿，人容易生病，再加上人口增加，空间逐渐局促，人们就尝试在平地上建造半地穴式建筑，把“穴”延伸到地面上。

慢慢地，就出现了更加高级的建筑。比如“容”，金文为“容”，它是存储果粮、猎物、什物的地窖。这也反映经济逐渐发展起来了——种植所得的粮食吃不完，所以要找个地方存放起来。城市形成的基础开始显现。

那么，人住在哪里呢？答案是“楼上”。聪明的人类早已不满足于穴居了，他们用木柱将屋顶撑起来（“顶梁柱”），这样显著扩大了房屋的空间。鲜有人知的是，汉字“宋”由此而来（“宀”即屋顶，“木”顶于其下）。接着，人们在底层养猪，上层居住，形成最初的“家”（“豕”就是猪）。最后，“家”又进一步扩大，变成一间房连着一间房的“宫”。

当然，在气候迥异的南方，“宫”的外貌与发展轨迹截然不同。我们祖先设计的“宫”蕴含着他们的独特智慧。放眼全世界，受气候影响，人们还会住在很多有趣的地方。

“巢”“屋”殊异

由于南北的气候差异大，我国城市的发展历史有着迥然不同的路径。南方地区普遍湿热，植被茂盛，人们最初选择在树上搭建房屋，这种建筑形式被称为“巢居”。“巢”的本义为“树上的鸟窝”（金文作“”），引申为“简易的住所”。相传最初发明这种建筑形式的人（或部落）叫作“有巢氏”。现代汉语中常见的“往上爬”“攀高枝儿”等俗语，隐约显露出我们祖先曾生活在树上的痕迹。

◎“巢”的金文

这样的房子，可以有效地通风、除湿。如今西南地区极富特色的吊脚楼（也可以算作一种“宫”），就是“巢居”的现代版本。

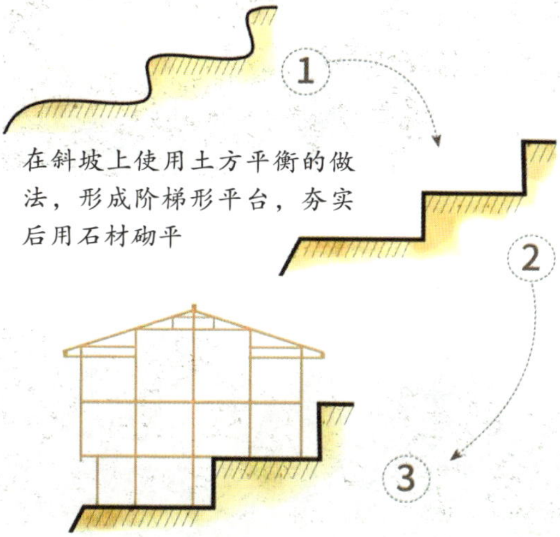

◎吊脚楼在苗语中意为“把平房抬起来的楼”。这是因为苗族百姓迁入贵州东南后，为适应山地环境，留下平地作为耕田，选择在30°～70°的斜和坡陡坎上建造房屋。造房时，利用倾斜度较大的山坡固定房屋一侧，使房屋前半部分凌空悬出，悬空部分以木柱支撑，形成吊脚柱。左图为吊脚楼的建造过程示意，右图为吊脚楼

我们可以发现，吊脚楼屋檐的倾角比较大，这和当地的气候有关。当夏季多雨，甚至多暴雨时，排水就成了一个现实难题。显然，高翘的檐角有助于排水。东南亚地区由于夏季降水集中，曼谷等城市的屋檐倾角往往翘得近乎夸张。

与曼谷有异曲同工之妙的，是日本的“宫”——白川乡的“合掌造”。严格地说，百余户人家的白川乡只能算作小村落，难称城市，但它独有的韵味却体现着城市与自然环境的高度和谐。白川乡的独有建筑叫“合掌造”，这是一种日本传统乡村建筑，其屋顶由稻草、芦苇铺就，从正面看，像一个汉字“人”。

◎“天使之城”曼谷

◎日本白川乡“合掌造”

“合掌”的意思就是两手合并呈三角状。白川乡位于日本本州岛中部山脉的西部。它面朝大海，冬季时，西北风跨越大海扑面而来，加上气温低，降雪量特别大。大倾角的屋顶既可以避免大雪重压，又能让积雪自然滑落。

人类无穷的创造力在各种“宫”的建筑中可见一斑。在降水集中的地方，建筑还被设计成其他式样。在18世纪后半期，英国殖民者来到了印度等南亚国家，这些国家属于热带气候，来自温带的他们很难适应。汉字中的“温”，甲骨文作“”，像一个人正在温水中洗浴，本义即“温和”。为了创造凉爽舒适的居住条件，在建造房屋时，英国殖民者采用在居室前加走廊的方法，以避雨、消热、遮阳。随着殖民势力范围的不断扩大，这种建筑式样传播至东南亚和中国。

广州是骑楼广布的城市，最根本的原因在于气候。所谓骑楼，是指楼房向外伸出遮盖着人行道的部分，建筑的二楼是住宅，就好像“骑”在底层上一样。汉字“骑”的甲骨文“”非常形象，就是一个人正在骑马的模样。“骑楼”的名字，起得真是妙趣横生！在汉代，我国产生了不少以“广”为部首的字，如“廊”“庭”等，这意味着那时兴起的建筑多高大而有门厅，类似于骑楼。

◎骑楼

广州属亚热带季风气候，冬无严寒，春少沙尘，沿街店铺不必像北方做封闭式的门面。当骑楼人行道贯穿商业区时，其优点就显而易见：

春夏多雨季节，骑楼是行人的雨伞；夏秋阳光酷烈时，骑楼自带遮阳功能，且通风良好；当台风猛烈之时，骑楼结构又可以避免行人遭受高空聚坠物的伤害。骑楼是城镇沿街建筑，楼下走廊与人行道连为一体，遮阳又防雨，既是居室（或店面）的外廊，又是室内外的过渡空间，哪怕夏季遭遇洪水，也全然不用担心，真是一举多得！

比骑楼更具有视觉震撼力的，是“地下城”。有些地区由于气温太高，人们干脆把居住区建在地下。澳大利亚的小城库伯佩地始建于1915年，因当地发现宝石矿，吸引大批矿工前来开采，从而形成聚居点。但是，库伯佩地的夏季温度实在太高了，超过50℃的极端高温屡见不鲜。如此环境，显然令常人难以忍受。幸运的是，矿工们发现采矿洞穴与地面隔离，反而十分凉爽，于是，他们索性把住宅搬到地下。随着时间的推移，一座规模不小的城镇便悄然形成了。

◎洞穴房屋

我国也有类似库伯佩地气候的地区，最典型的莫过于新疆。新疆的“宫”虽也有修在地下的部分（维吾尔族有“夏室”，即夏季避暑的建筑，外形酷似骑楼，建于地下或半地下，可以利用土壤有效绝热），但主要建筑仍在地面上。

值得关注的是，新疆街面上的房子，尤其是传统民居，有许多特点：挨得特别紧，给人一种喘不过气儿的感觉，这是因为当地白天温度高，如此布局，可以借助相邻房子的荫蔽，实现降温；窗子开得小而少，墙体特别厚实，这是因为当地昼夜温差大，尽量与外界隔离可以维持室内温度相对恒定，同时还能阻挡沙尘；顶部平坦而多孔，原因是这里降雨少，平顶可减少建筑成本，同时又有利于晾晒，多孔则有利于通风。

◎新疆民居

我国北方的四合院可以称作很有特色的“宫”了。比如，山西有一些老式的四合院民居，其房屋的屋脊呈由外向内单面倾斜状，当地人形象称之为“肥水不流外人田”，这源于山西地处内陆，气候干旱。每当降雨时，这种屋檐可以起到收集雨水的作用。当然，如此设计也反映了一种文化景观，体现了山西人勤俭持家、家庭观念重的社会心态。陕西有一些建筑也如此。

◎单面倾斜四合院示意图

◎陕西地坑院

我国东北地区的“宫”则又是另一副模样。那里气候寒冷干燥，冬季常有风雪，持续时间长达6至8个月，最冷时期的平均气温在零下25℃至零下10℃，夏季却短暂而凉爽。因此，当地的民居以保温、防寒和采暖为特色，住房外墙很厚（漠河一带民居的墙体厚度甚至达60厘米），朝南的窗户开得很大，朝北的窗户基本上不开或开得比较小。与湿热地区的建筑强调通透性的特点不同，东北地区建筑的密闭性非常好，有的地区还采用双层玻璃以提高建筑的密闭性并增强保暖性。

◎东北民居

东北地区的建筑间距较大，其设计初衷是为了在太阳高度较低的冬季确保阳光不受建筑的遮挡。该地区民居的室内布置有着与众不同的特点：房间通常以两间为一套，内间是卧室，以炕代床。下面是一则汉字的小幽默：

“广”字加一个“木”，念什么？念“床”。

加俩木呢？双人床！

加仨木呢？三人床！

那加10个木呢？念“炕”！

幽默之余，汉字“炕”道出了一个真相：以砖和泥砌成的炕，上铺炕席，横贯内屋南侧，的确可以睡数人。而且，炕中部有火道，一头通外间的灶，一头通烟囱。每日三餐烹饪和烧水，就把炕烧暖了。白天，南窗充分接受了太阳照射，所以即使外面天天都是零下二三十摄氏度的严寒，室内也无需新增专门的取暖设备。除了火炕，我国北方各地农村冬季还有地炉、火墙等取暖设备。

斑斓都市

你要是细心观察，就会发现许多“宫”都有自己的专属色彩。青藏高原上的拉萨，那里的房子多是白色的，著名的布达拉宫即是如此。究其根源，拉萨位于一个海拔约3700米的峡谷中，年平均气温7.8℃，气候干燥，年平均降水量441.7毫米。那里夜间多雨，白昼烈日当头，日夜温差大，日照时间长，紫外线特别强，素有“日光之城”之称。

◎青藏高原上的布达拉宫

在这样的气候条件下，以白色为基调的建筑墙面，可以更好地反射热量——就好像夏天我们爱穿浅色的衣服一样。同时，高原盛产石料、各色土壤，例如红土、白土等，这些原料和色彩运用到建筑上，深红色吸收强光，给人稳重而温暖的视觉感受；白色反射光线，并随着阳光变化而出现微妙的色彩转变。可以说，色彩为拉萨这座城市增添了许多魅力。

0.2—0.4	0.4—0.5	0.5—0.7	0.7—0.8	0.8—0.9
白 浅黄 浅绿 粉红	浅灰 深灰	浅褐 黄 浅蓝 玫瑰红	深褐	深蓝 黑

◎不同颜色热吸收系数

除了青藏高原，还有夏季炎热干燥的地中海沿岸和属于热带沙漠气候的中东地区，城市建筑都以白色为主。一个共同的原因是，这些地区的晴天较多，光照强度高，“白色”正是一种有效的“降温色”。

◎希腊圣托里尼岛的民居

◎中东地区阿布扎比清真寺

与此相反，有些光照弱的城市，则会想办法用暖色调来补一补，给人以温暖、活力、灵动的积极感受。从空中俯瞰瑞典首都斯德哥尔摩，城市中柔和鲜艳的暖色，为环境注入了温暖的气息。米黄、橘红、淡粉、砖红等暖色调与冰冷的波罗的海与皑皑白雪形成了鲜明对比。而到了夏季，斯德哥尔摩每天的日照时长可达18个小时。光的折射会使夜空透出淡蓝微光，与建筑的色彩相映成趣，营造出梦幻般的氛围。

◎瑞典首都斯德哥尔摩

包括瑞典在内的北欧国家普遍纬度高、光照弱、温度低。挪威（代表城市卑尔根）、丹麦（代表城市哥本哈根）和冰岛（代表城市雷克雅未克），均以绚烂的城市色彩著称。这些鲜艳的色彩不仅可以加强对太阳光的吸收，还能从心理上为人们提供温暖的慰藉。

不过，凡事总有例外，有些五彩斑斓的城市与气候条件无关。在威尼斯的布拉诺岛上，分布着如彩虹般绚烂的河岸小巷。有一种解释是，当地人大多是渔民的后代，希望出海的亲人归来时能远远看见自家的房子，因而将建筑刷成明艳的亮色，以便亲人第一时间分辨出来，天长日久，城镇便形成了独特的“糖果色”。类似的彩色城市还有墨西哥的瓜纳华托，这座彩色之城因矿而兴，远远望去，可见颜色绚丽的建筑点缀在翠绿的山谷之中……

◎瓜纳华托

最后，我们把视线拉回国内。处于中高纬度地区的哈尔滨，城市色彩以米黄等暖色系为主；而处于中低纬度的武汉、南京、无锡，则以浅青绿色等冷色调为主，给人以凉爽之感。到过徽州

◎哈尔滨

◎无锡

的人无不被散落其间的民居打动。这些民居有着“青瓦出檐长，马头白粉墙”的恬淡，色彩组合简洁，线条洗练，在岁月和江南烟雨的浸润下，黑、白、灰的色彩共同勾勒出水墨画般的意境。从地理的角度看，白色墙壁不仅能增加院落和室内的光线明亮度，还能弥补当地光照不足的缺陷。

奇屋怪房

我们换个视角，看看世界不同城市建筑的“个性”。来看看我国台湾省高山族的传统民居：它整体非常低矮，圆形的屋顶宽阔且坡度平缓，甚至没有窗户。类似的建筑结构在内蒙古的蒙古包中也可以看到。

为什么要建成这样呢？原来，主要都是为了抵御强风。这两种建筑的所在地都时常有强风：台湾夏季常受台风侵扰，内蒙古冬季则面临强劲冷锋带来的大风。什么是冷锋呢？这得从“锋”字说起。“锋”字左边为“金”，表示兵器；右边“夆”同“逢”，表示相逢、相遇；“丰”意为边界（“丰”的外形像一棵树，古人常种植高大茂盛的树木标记领地，引申为“边界”）。“锋”字表示士兵拿着兵器在边界上相遇，即“短兵相接”。“冷锋”

◎茅草屋

即冷空气犹如一大群士兵压境一样，急速扑向暖气团，狂风乃至沙尘暴都是它的“杰作”。

为了不让房子被风掀翻，内蒙古的牧民和台湾高山族的百姓会将房子建得矮一些，重心降低了，稳定性才更好；顶部建成圆形，能让风从屋子两侧沿着弧线“溜”走，降低阻力。

◎蒙古包

当然，高山族民居和蒙古包还是有区别的——前者没有窗子，门也小，这样有助于降温；后者则从上到下包裹得严严实实，不仅要抵御大风，还要与低温做斗争。为了强化稳定性，当地人会从蒙古包中心的“擎天柱”（中轴）上部向四周均匀拉紧尼龙绳，从外侧牢牢地“网”住整个蒙古包。因此，建筑通常是与当地条件相匹配的，在共性基础上彰显独特性。

同样有网罩着的，还有海草房。在我国胶东半岛东部的威海、烟台、青岛等地存在一种特殊的“宫”：斑驳的墙体、高高耸起的屋脊、厚厚的海草屋顶，屋顶上还挂着渔网……请注意，这可不是原始村落的复制品，也非影视剧的拍摄地，而是一种名叫“海草房”的特色民居。

◎海草房

胶东半岛东部多为丘陵地形，沿海居民顺应地势，多选择阳坡、面海且低缓的位置建房。要了解海草房，首先得认识“苫”（shān）字，篆书写作“苫”。草字头告诉我们，它和植物有关；“占”同“毡”，表示地毯，只不过苫不铺在地上，而是盖在屋顶上。“如毡的草盖”，正是“苫”的含义，做动词时，可以表示铺草、盖草。

屋顶所用的海草是生长在5～10米浅海中的野生藻类，如海苔等，包括宽叶状的“宽叶苔”、丝状的“丝海苔”，以及介于二者之间的“二道苔”。这些海草含有大量的盐卤和胶质，用它苫屋盖顶，既有冬暖夏凉、居住舒适等优点，又有防虫、防霉、防火、耐久等特性。每逢狂风大浪，海潮将浅海的海草卷至岸边，居民们把这些海草收集起来，晒干后就成了苫房的原料了。

海草房的屋脊一般呈50° 倾斜，并且脊部两端的海草要苫得高于中间，确保冬天不积雪，夏天不存水；同时，厚实的苫草能抵御寒风侵入，并隔绝夏日酷暑。为了结实耐用，工人每苫一层海草还会覆盖一层麦秸。苫到屋脊的时候，需用混合黄泥的海草压顶，或加盖一层拱形瓦，当地俗称“压脊”。海草房屋顶的海草，墙体的石料、泥料、木料，都取于大自然。以墙壁来说，多用附近山坡上的石头垒砌——大块的青石做墙基，小块的红石、鱼鳞石砌墙体，梁则用当地产的榆木、楞木、松木等。

为了防止大风将屋顶上的海草吹掉，朝向大海的一面还要罩上渔网，用石块等小块重物作为坠子固定。这样的房子既防风、防潮，又结实耐用，一般四五十年才需要修缮一次，适应了该地区夏季多雨潮湿、冬季多雪寒冷的气候条件。令人惊叹的是，巧匠苫成的海草房，历经三代人居住都不用修缮屋顶。

与海草房有异曲同工之妙的，是因纽特人的“冰宫”。因纽特人生活在北极圈内，抵御寒风是他们每天的生存挑战。他们用雪块砌成半穴状圆顶小舍。在拼接雪块时，他们用雪塞满接缝处或直接浇水——水会填满每一处缝隙迅速冻成冰，形成极佳的密封效果。

如此建出来的“冰宫”，外形设计将风阻降至最低，能有效抵御狂风。内壁衬以皮毛隔热层，加上入口分级处理等措施，可使室内外温差达到30℃以上，室温可达15℃，基本满足了人对室内气温的需求。毫不夸张地说，“冰宫”通过对室内“小气候”的精准调控，成为人类适应并利用自然的杰作。

◎冰宫

壁窗玄机

“细节中藏着魔鬼。”建筑中造型独特的墙壁、窗户，有的匠心独运，有的自然简洁。

明朝弘治年间的一个盛夏，徽州城的百姓正在欢庆佳节。傍晚时分，城东地区的一栋民屋突然起火，因气候干燥、建材易燃，一排排民居很快陷入火海中，火光映红了半边天，老百姓哀号不绝，徽州知府何歆听闻后心如刀绞。

我国的古代建筑用料多为木材，“柱”“楹”“檐”“椽”等建筑构件的名称都含有“木”字。此外，徽州多山地、丘陵，人多地少，可供居住的面积相对狭小，所以当地民居建筑常常挨得很近。一旦遇到火灾，木质结构极易燃烧，且房屋紧邻，火势蔓延迅猛，往往损失惨重。何歆在对当地建筑进行了深入研究后，提出用砖砌筑高墙，使其超出屋瓦以阻隔火势。后人便将这种墙称为“封火墙”。

知识拓展

榫卯与木工

千百年来，崇尚自然的中国人对木头有着独特的感情。中国人用“土木工程”来表示建筑的概念。

榫卯是传统木作的一种接合方式。木构件的凸出部分叫作榫头，凿出的孔洞叫作卯眼。榫头和卯眼咬合在一起，起到连接作用。榫卯是中国传统建筑、家具和其他木制器具的主要结构方式，它在方寸之间展现了力与美的结合，是中国古代匠人的智慧结晶。

◎榫卯

2024年10月，我国科研人员模拟月壤成功制造出一种适合在月球上搭建的建筑砖，这些砖块有望成为未来月球基地的建筑材料。其中值得我们自豪的是，这些砖块可以以榫卯结构牢固拼接。老祖宗的智慧

◎月亮基地想象图

被华夏儿女带上了月球，简直太酷了！

除了榫卯，我国传统建筑还离不开刨子、墨斗、尺子、锯子等木匠工具。

◎木匠工具

我们的祖先认为，木象征着春天和早晨，是生机勃勃的，是大自然生命力的体现；人住在木头盖的房子里，使用木制家具，便也呼吸到了大自然的气息。不管是榫卯，还是其他木匠工具，均能体现出古人对“天人合一”的深邃理解与精妙实践。

后来，经建筑师改造，“封火墙”的造型被设计成高昂的马头。因马在当地寓意“吉祥”，且“马到成功”寄托了徽州商人

的期许。于是，人们改称其为“马头墙”。其造型以正面对称为基，再沿两边屋面层层跌落，能起到显著的隔断作用，有效防止火势蔓延。

◎马头墙

既然有防火的，那就有防范其他灾害的。在广东肇庆、福建泉州等地，有一种以蚵壳（牡蛎的壳）为材料制作的墙壁颇具特色。沿海地带的读者都知道，海风带有盐分，所以极易腐蚀普通的红砖。蚵壳则不同，它质地坚硬，不仅具有耐腐蚀、防潮的功能，还能抵御雨水渗透，兼具冬暖夏凉、隔音等特性。人们将灰白色的蚵壳与红色的砖石、灰白色的花岗岩混合在一起，砌成一堵堵质感独特、美观实用的墙体，其中所体现的除了建筑价值，兼具实用价值与艺术价值。

◎蚵壳厝（读作“cuò”，是福建地区的常用汉字，表示房屋）

相比蚵壳厝的皮实，甘肃东部高原地区的单面墙丝毫不落下风。那里气候干旱，西北风盛行，黄土层深厚，地表植被稀疏，风沙肆虐。这一带的房屋建筑呈单面形：迎风面泥墙高筑，不开窗户，且墙体十分厚实，以增强挡风、御寒能力。

欧洲的建筑也常能从墙上发现秘密。以西欧各地的墙壁厚度为例，差异极为显著，英国南部、荷兰、比利时的平均墙厚为23厘米；德国西部则为38厘米；波兰、立陶宛达到半米；俄罗斯部分地区甚至超过63厘米。其实这仍然与气候有关：从英国南部往东，气候越来越干燥，冬季气温越来越低。为了御寒，所以自西往东，墙壁便越修越厚。

说完墙，我们再简单聊一聊窗。可不要以为它是房屋的“必需品”，或是它一定要开在墙上，又或是它一定和玻璃有关。作为建筑中最古老的“气候调节装置”，窗起源于开在屋顶上的通气口“囱”（今天仍存，称“老虎窗”），它可以大大地改善采光和通风条件，后来演化为开口在房屋上的“牖”，然而建造“囱”和“牖”的目的并不是适应外界气候，而是排解室内明火、炊事、取暖所产生的烟气。此时，窗对自然气候的“选择透过性”利用还处于极为被动的原始阶段。

◎老虎窗。在中华传统文化中，这种开在屋顶上的通气孔，用正确的汉字表示，应写成“囱”

材料技术的进步对窗的演变起到决定性作用。随着新材料的出现，窗对自然气候的调节利用能力得以逐步提升。原始的“囱”和“牖”只能简单地用树枝和石块来封堵；到了我国汉代，窗开始使用一种叫“绮疏”的织素材料，在透光的同时能够遮风挡雨。

这可是一次革命性的进步，窗自此体现出对外界气候的“防”与“用”的结合。唐代时，窗开始使用涂油的纸，它比“绮疏”的气密性要好，成本也较低。等到了清代，我们熟悉的玻璃窗渐渐站在了历史舞台的中央。

看来，无论中外，世界各地的建筑虽然奇妙，但都遵循气候气象，乃至地形、水源的基本规律，因此，最终呈现的城市建筑，总有许多共性的东西。从“穴”到“宋”再到“宫”，从“吊脚楼”到“蒙古包”，再到整个城市建筑群，人类凭着智慧和创造力，一步步建造着自己的美好生活。一处处看似平凡的建筑，可能就是一座座微缩的城池，其中有太多的故事，留待我们去讲述……

地理知识提要：

★ 气候对城市影响深刻。“雾都”重庆为亚热带湿润季风气候，水热条件好，空气流动性弱；“春城”昆明冬无严寒，夏无酷暑，四季如春。

★ 湿热地区的城市建筑，通常屋顶坡度大，多为吊脚楼、骑楼，多采用竹木材料；干冷地区的城市建筑，建筑材料以土石为主，墙壁厚，重视雨水收集（单坡屋），有窑洞、地下室等独特形式。

★ 白色是一种有效的“降温色”，白色建筑多分布于光照条件较好的城市；相反，在光照较弱的城市，暖色调则更为流行。

★ 大风天气较多的地区，建筑外观简单，高度较低，常以渔网、石头压屋顶，迎风面不开门窗。

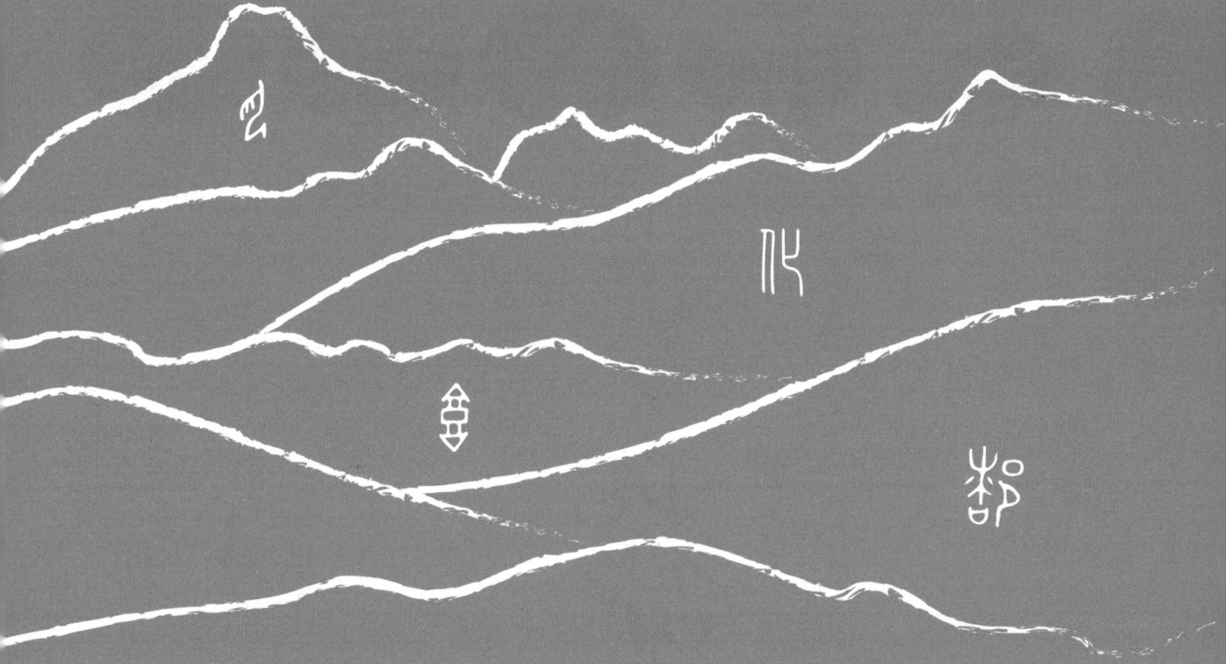

第四章

城市与人口

本章思维导图

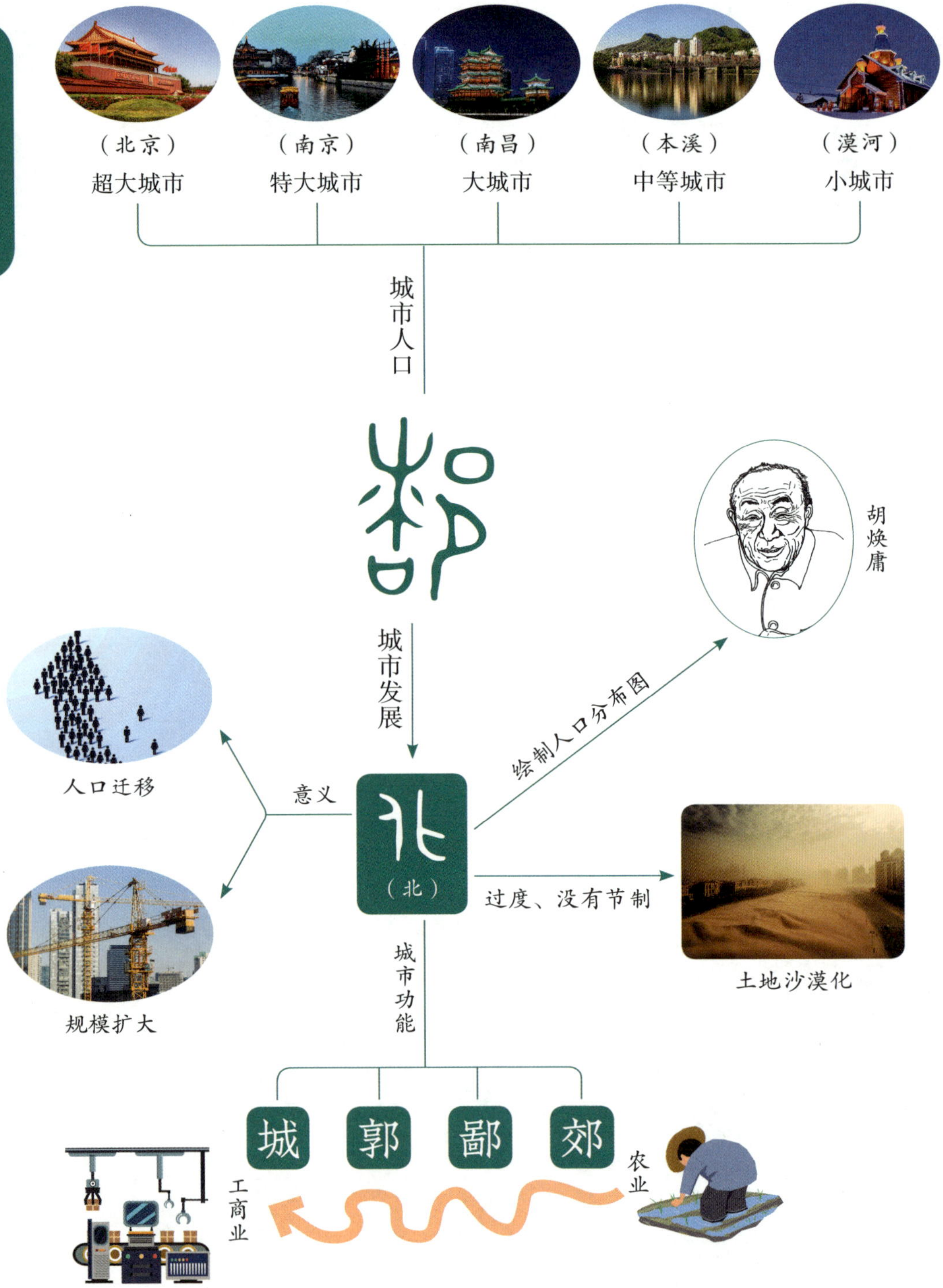

（北京）
超大城市
（南京）
特大城市
（南昌）
大城市
（本溪）
中等城市
（漠河）
小城市
城市人口
城市发展
胡焕庸
绘制人口分布图
意义
人口迁移
规模扩大
（北）
过度、没有节制
土地沙漠化
城市功能
城
郭
鄙
郊
农业
工商业

[字源]

一年而所居成聚，二年成邑，三年成都。

——《史记》

[字解]

我们祖先从最初的穴居，到建造都邑、营造宫室，经历了对地理空间认识和利用的漫长过程。“都”是其中的典型代表，上图是它的金文，它右边的“阝”，是“邑”字的简化，表示小城市或乡镇；左边的“者”，用于发音。从汉字的发展史看，“者”的最初含义已经难以寻觅，但凡是用“者”作声旁的字，如睹、诸、储等，均直接或间接含有聚集、众多、盛大等意义。当“者”与“阝”相结合，“都”字被赋予了“大城市”这一含义。上述所引司马迁《史记》中的话，其意思是：（经过辛勤建设）

第一年人们汇聚成村落，第二年形成乡镇，第三年形成都城。

“都”的另一个发音“dōu”，表示“全部”“一起”，也从另一个侧面证明了它具有“聚焦”之意，并自然引申出“大型”“充盈”“华美”等含义。

[字变]

金文　战国文字　篆书　隶书　楷书

[字说地理]

大“都”小“邑”

城市一旦建立起来，它就像生命体般逐渐成长、完善。不同的城市，基于“先天基因”（自然条件，如气候、地理位置、地形地貌、水文特征等）和“后天条件”（社会经济条件，如交通、政策、产业、技术等）的迥然不同，呈现出了千差万别的发展态势。有些城市若庞然大物，内部结构错杂，牵一发而动全身，打一个喷嚏大地都抖三抖；有些则似小家碧玉般温婉动人，构造简单得多，也另有风姿。它们各有各的故事，也各有各的绚烂。

在汉字中，城市根据规模，是分不同等级的。《文献通考》

一书中写道："八家为井，井一为邻，邻三为朋，朋三为里，里五为邑，邑十为都。""里""邑""都"，均是聚居地的不同规模或不同阶段的名称。小如"里"，它可以形成"里弄"，进而演变成街坊、城市。大如"都"，通常解释为王城，即最高级的城市。古代继承帝王之位的人，得"都"；稍稍差一点的，得"城"；再差一点的，得"邑"。这其实就是城市的三个等级。当然，实际的等级远不止三个，就"都"来说，《左传》记载其又分为"大都""中都""小都"，可见实际上细致得多。

文化加餐

城市的小大之辨

武汉都市圈、西安都市圈、南京都市圈……为什么"都"表示大城市，而"邑"表示中小城市呢？这个问题很有趣。

据推测，这是因为"都（dū）"字本身有"都（dōu）"的含义，一个城市什么条件全有，怎么能不大呢？"邑"则不同，它上"口"下"巴"，"巴"代表人，但并不是普通人。你看"巴"字的甲骨文""，这是一个手臂特别长的人，表示善于攀爬者，进一步引申为偏远山区的山民。所以，居住在城墙（"口"）内的"巴"人，他们所在的城市就有偏小、边远等意义。

对城市而言，面积大、范围广自然是非常重要的，但其核心是人口。这一点，古今一致。唐代长安，之所以成为世界级大城市，和它拥有百万以上的人口是紧密相关的——同一时期，欧洲的君士坦丁堡人口约30万、罗马约5万、巴黎仅有2.5万。不比不知道，一比才看出长安强盛到何等程度，是当时世界上独一无二的存在。

我们知道，在城市的发育中，物资、市场和交通三者都得具备，而市场这一要素，其中暗含着“人口”。没有足够数量的人口，市场就无从谈起，物资与交通也没有太大意义。在我国春秋战国之际，诸侯国林立，且由于各地资源物产的差异，于是形成了各具优势的商品货源基地。各大城市的优势也不尽相同。如首先称霸的齐国，不仅以其鱼、盐之利而致富，而且利用自身人口多、市场大、经济强的优势，对竞争对手发动“经济战”。

究竟怎么回事呢？原来，齐桓公要称霸，可鲁国从中作梗。为了制敌，齐相管仲想出一条妙计。当时，齐国的首都临淄出产一种细致光洁的白绢，名叫“纨”，鲁国首都曲阜则出产另一种叫“缟”的白绢。齐、鲁比邻，两国贸易密切。基于此，管仲下令齐国上下不许再穿纨做的衣服，只可以穿缟做的衣服。面对这条“莫名其妙”的命令，鲁国虽然困惑，但以为看到了巨大商机——齐国人口众多，购买能力强，岂不发大财了？

于是，鲁国商贾们开始大量收购缟，百姓干脆放弃种粮，涌入纺织行业中。结果，这一年，鲁国粮食产量锐减。未承想，第二年管仲又下了相反的命令，即齐国人只能穿纨做的衣服，不能穿缟做的衣服，并关闭两国边境贸易。这一下，鲁国人慌了。他们手里屯了大量的缟却不知卖给谁；国库粮食空虚，有钱也难买到米。很快，走投无路的鲁国便向齐国请降了。

这则故事，看似是管仲设计的一场阴谋，其实，胜败的根本因素在于临淄具有人口和经济优势。同理，即便是21世纪，人口依旧是城市竞争力的重要基础，它还是城市分级的重要参考因素。

在我国的现代城市分级中，仅从人口来看，城区常住人口数50万以下的，为小城市；50万～100万的，为中等城市；100万～500万的，为大城市；500万～1000万的，为特大城市。如果人口超过1000万，比如北京、上海、广州，就算超大城市了。等级不一样，往往意味着竞争力存在天壤之别。

当然，人口较少的中小城市也并非没有优势，在城市环境、生存压力、通勤效率、地租地价、特色文化等诸多方面，它们有着让大城市只能羡慕、嫉妒的优势。英国伦敦中心城区的上班人口有40多万，但是居住人口仅为上班人口的十分之一。大多数的“上班族”选择居住在距离工作地点一个小时车程的周边城镇，那里有购物中心，便利店的密度不输于城市，也有各种现代化的基础设施。

在这个基础上，大城市只意味着工作地点，而不是高品质生活的终点。相反，小城镇的发展围绕着人文、健康、和谐等主题，更具吸引力。这样的情况，在我国北京、上海的周边地域，也普遍存在着，为此小城镇还有个专属名称——“卫星城”。

我国许多地方有独特的产品，人们购买该类产品时就想到这些地方，如岫岩的玉石、即墨的老酒、符离集的烧鸡、阳信的鸭梨、歙县的砚台等。这些小城镇只要发挥好资源优势，再利用好现代科技，也能走出很精彩的发展之路。

“化”而为城

我国城市数量，从空间视角来看，星罗棋布，密密麻麻，多到难以计数。然而，倘若仔细端详，我们会发现一个饶有趣味的现象：从东南朝着西北方向看去，城市数量以及城市规模呈现出极为显著的下降态势。这就仿佛有一条无形的分界线，将我国东南半壁与西北半壁划分开来，使得国土两边“生长”出来的城市各具特点。

事实上，我国科学家确实提出过一条人口分界线。著名地理学家胡焕庸先生在获取全国各地区人口数据之后，以一个点代表两万人的方式，将当时总人口所对应的两万多个点，逐个手工标注在地图上，最终于1935年提出了著名的“胡焕庸线”。

这条线把我国国土分成两部分，西北一侧面积达全国的57%，而人口仅占全国人口的6%；东南一侧面积占全国43%，而人口占比高达94%，人口分布的极端不对称性至今依然如故。

不仅如此，如果从2023年全国经济十强的城市来看，无论是上海、北京，还是重庆、成都、广州、深圳，它们无一例外地都处于“胡焕庸线”的东南侧。这条线的深刻性，直到今天依旧令人震撼。

知识拓展

一线越山河

胡焕庸（1901—1998），字肖堂，籍贯江苏宜兴。他是中国著名的地理学家与人口地理学奠基人，在中国地理学发展历程中占据着重要地位。他不仅是中国地理学会的发起人，还担任了首届理事这一重要角色，并且长期担任华东师范大学教授及人口研究所所长之职。

在地理学领域，胡焕庸的贡献堪称卓越，其中最具代表性的便是他提出的“瑷珲–腾冲线”（瑷珲今在黑河市南部），也就是闻名于世的“胡焕庸线”。这条线的神奇之处在于，它以一种简洁、形象且精准的方式，描绘出了我国东南地区和西北地区在众多指标上的差异，真可谓“一线越山河”。具体而言，它涉及人口密度、经济活力、地势阶梯分界、降水量等多方面内容，其精妙之处令人赞叹不已。

实际上，“胡焕庸线”的意义远不止于划分人口密度，它更像是两个截然不同的世界分界线。在诗人眼中，这条线是边塞与田园风光的分水岭，线之东呈现出“绿树村边合，青山郭外斜”的田园之美，线之西则是“大漠孤烟直，长河落日圆”的边塞之景；线之东是“杏花春雨江南”的柔美画卷，线之西是“白马秋风塞上”的雄浑画面。在农业专家看来，“胡焕庸线”是农业与牧业生产区的生态界限。而对老司机而言，这条线又俨然成了高速公路网分布和收费站布局的分界线……

通常来说，人口密度越大，城市等级越高。我国凡能称“都”“京都”“大都”的城市——北京（曾名“燕都”“大都”）、南京（曾名“南都”“行都”）、成都（曾名“蜀都”），以及网络兴起后，被网友戏称“魔都”的上海、“妖都”的广州、“废都”的西安，人口都在1000万以上。

进一步看看世界，经济实力最强的城市主要集中分布在西欧、北美、东亚三大区域。毫无疑问，这些区域既是人口密集区，其经济也较为发达。不过，以印度为代表的南亚地区为例，这里人口密度丝毫不逊色于前面提到的任何一个区域，但因经济尚有欠缺，未能形成足够多、足够有竞争力的城市。

谈到这里，我们需要了解一个地理概念——“城镇化”。什么是“化”呢？汉字是最好的老师：“化”其实是由两个不同姿态的“人”构成，甲骨文由“亻”和“𠤎”构成。“亻”是一个面朝左方站立的“人”字；“𠤎”则是“人”字的颠倒。金文、篆书中，基本是同样的造型。造字者想表达“变化”之意，你看，这一正一反的两人，恰似体操运动员的一个前空翻，表明了姿势的一个变化过程。也有人理解得更深刻，将相互颠倒的两个“人”字解读为人从出生到死亡的过程。总之，“变化”之意，从“化”字的字形中就可获知。

甲骨文　金文　篆书　◎“化”字的演变

然后，我们把“化”字与“城镇”连起来，组成“城镇化”，基本的含义就是“（由农村）变化成城镇”。“化”字提醒我们：“人”在这一切变化中起着核心作用。

从地理术语的角度说，城镇化是某一地区城市人口占总人口比例的提高。简单理解，即农村人不断进入城镇生活、工作，他们变成新的城里人，这一人口迁移促使城镇规模不断扩大。在我国历史上，城镇化进程的真正启动是在唐宋之际，宋代尤为明显。据统计，宋代是我国封建社会历史上，城镇人口比例最高的一个朝代。北宋时城市人口占总人口的20.1%，南宋时进一步上升到22.05%。

但这一水平毕竟是1000年前的，且之后又出现了反复，乃至倒退。到了明末清初时，随着西洋先进的技术、设备、管理传入国内，城镇化的步伐加快，市民生活产生了明显变化。举例而言，1885年，上海的私家园林——张园向公众开放。园林在我国有较为悠久的历史，但向公众开放，尤其是安装电灯、建造西式园林和

我国各历史时期的城市化水平

朝代	年代	城市化率（%）
战国	公元前300年左右	15.9
西汉	公元2年	17.5
唐	755	20.8
南宋	1223	22.05
清	1893	7.7
中华人民共和国	1949	10.64
	1957	15.39
	1978	17.92
	1983	21.62
	1984	23.01
	1990	26.41
	2000	36.22
	2010	49.95
	2022	65.22

资料来源：《中国城市发展史论集》和《中国统计年鉴》

洋楼等措施，在当时极为罕见，甚至人们在园林内可以尝到不少鲜，且看记载：

无论是室外的赏花、风筝会、灯会、焰火表演，还是室内的喝茶、听戏、溜冰、跳舞、打弹子，或是新鲜玩意如照相、留声机、活动影戏等，张园应有尽有。一般下午二点开园，营业至午夜十二点闭园，娱乐活动常换常新，以适应人们不断变化的口味。可以说，张园既以其多姿多彩的游艺活动丰富了民众的娱乐生活，更是社会经济发展、市民生活富庶的一面镜子。

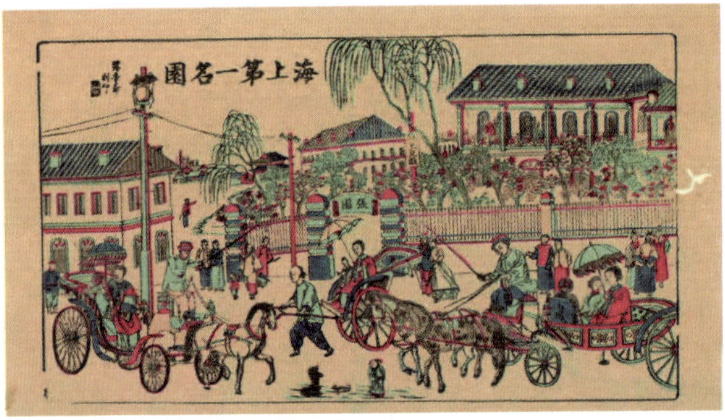

◎清末年画《海上第一名园》描述的正是张园门前车水马龙的场景。新式马车、西洋服饰、电线等无不透露着城镇化社会风貌的巨大改变

城镇化改变的，不仅仅是城镇的规模和数量，更是对每一个身处其中者的再塑造——从生活、娱乐、工作，到思想、观念、文化，无不涉及。当然，城镇化的发生，及其对旧世界的剧烈冲击，均离不开经济的巨大推动力。目前，世界上发展中国家的城镇化水平约50%，发达国家则达到80%，部分发达国家的大城市（如伦敦）的城镇化率甚至超过90%。这一差距反映了不同发展阶段地区的经济基础差异。

历史瞭望

美国的城市化

在1900～2000年的一个世纪中，美国人口由0.76亿增至2.81亿，城市化率从28%增至80%。可以说，在整个西方，美国是实现城市化用时最短、最快的国家，同样的历程，西欧国家花费了150～200年。实际上，美国的起步较晚。当西欧国家已经高度城市化时，美国还是典型的乡村国家，莽莽荒原还看不出半点城市化的气象。但仅过了80年左右，由于巨量的人口迁入和繁荣的经济，美国就“把农村搬到了城市”，被全世界称为“美国奇迹”。

以新中国的历史来说，20世纪五六十年代，大多数人住在农村，即使搬迁至城区，目标也多是“邑”。人们称此为“城镇化”，即城市化的前期。此阶段主要解决由“农村人”转变为“城里人”的问题。城市化的中后期，人口才真正向大城市迁移，也就是朝向“都”迁移。

这一过程，基本上在其他国家都发生过，美国起初实现的叫“基本城市化”，即乡村人口、工商业、各种机构向中小城市聚集，但尚未向其周边大都市扩展；紧接着出现了“大都市区时期”，此时的人口向大都市涌入，发展出若干个都市群、都市带、都市圈。也正是在这一阶段，城市化率不但在数值上快速增长，更关键的是发生了质的转变。城市整体生命力、生产力已经达到了一个新的高度。

目前，我国整体的城镇化水平，虽然超过了60%，但依旧与发达国家有差距。当然，随着首都经济圈、成渝城市群、长三角城市群、粤港澳大湾区、长江中游城市群等城市群被先后纳入国家新型城镇化的空间主体，未来的城镇化正向着高质量、高效率方向发展。

“城”“市”合璧

我国早期的城池比较简陋，大致相当于一个人口较多的聚居点。即便如此，它已经是后世城市的雏形。既然是城，就有城内、城外之分。由此形成空间划分：城内叫作“国”，城外不远处叫作“郊”。由于早期的国（春秋、战国时期之前）大多只有一座城，所以“国”与“城”在语义上互为指代，城里人又称为“国人”。

说到“城”，还得提一下“郭”。“城”的甲骨文或金文中，左侧的偏旁有写作“”的，这个图形代表几个城门之间的护城墙，是“郭”最初的写法，引申为“外城”。慢慢地，人们把城市的内城叫作“城”，外城为“郭”，大家都听说过那个救了中山狼反而被害的“东郭先生”，还有滥竽充数的“南郭先生”吧，这两个都是家住在东城门、南城门附近的城里人。历史上，还有西郭先生、北郭先生，倒也有趣。

文化加餐

北郭先生

《红楼梦》中有一句判词："子系中山狼，得志便猖狂。"人们大多知晓其典故源自东郭先生的故事。东郭先生善恶不辨、慈悲滥施，他的行为为世人敲响了警钟。所谓"东郭先生"，不过是一个住在东城门附近之人。提及南郭先生，他同样是城门边的居民，因住在南城门而得名，其滥竽充数的行径使其成为千古笑柄，遭后世之人嘲讽了千百年。

当我们翻开中华民族灿烂辉煌的文化史册时，会发现还有一位北郭先生。北郭先生之名记载于《后汉书·廖扶传》，他本名廖扶，是一位勤奋好学、志向远大的读书人。他的父亲曾在朝廷为官，却不幸卷入政治纷争，最终丢了性命。这一沉重打击让廖扶发誓终身不踏入仕途，潜心钻研学问。后来，郡府官员得知他对经史子集、天文历法和推演之术无不通晓，便多次举荐他入朝为官。然而，廖扶不为所动，一次次地坚决谢绝。

由于廖扶一直居住在北城门附近，人们便称他为"北郭先生"。随着时间的推移，"北郭先生"逐渐成为一个具有特殊文化内涵的符号，并演变成了一条成语，专门用来指代那些隐居不仕的人。

城市的外围，也有专门的称呼。比如，城市周边称作“鄙”，城乡之间为“郊”。城、郭、鄙、郊在空间上的顺序，大致如下图，而且越是远离城市中心，人们越多从事农业生产；反之，则以非农业活动为主。

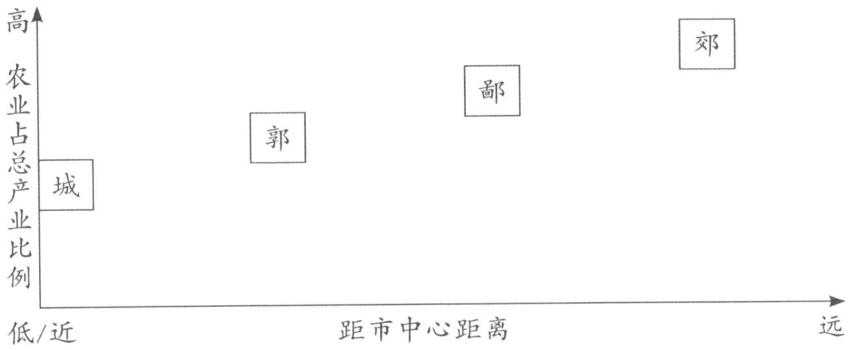

◎城市空间位置与农业生产的联系

看来，不同的空间位置，会呈现出不同的功能。那么，城市功能主要有哪些呢？城市的首要功能在于居住，居住区一定是必备的。唐宋的“坊”，便是这一区域——现在常说的“坊间”一词，也来源于此。古代城市布局，是用街道将居民区隔成一个个规整的格子，一个格子就是一坊，坊坊相连，形成了“街坊邻居”。看唐朝长安城坊市布局图，这些格子是不是很像今天城市里面的住宅区？唐代长安城内的每个坊，面积不等，约为25～70公顷，相当于现在一个或数个超大型的住宅区。没想到，时空隔了那么久远，在现代社会中依旧可以看到它的影子。

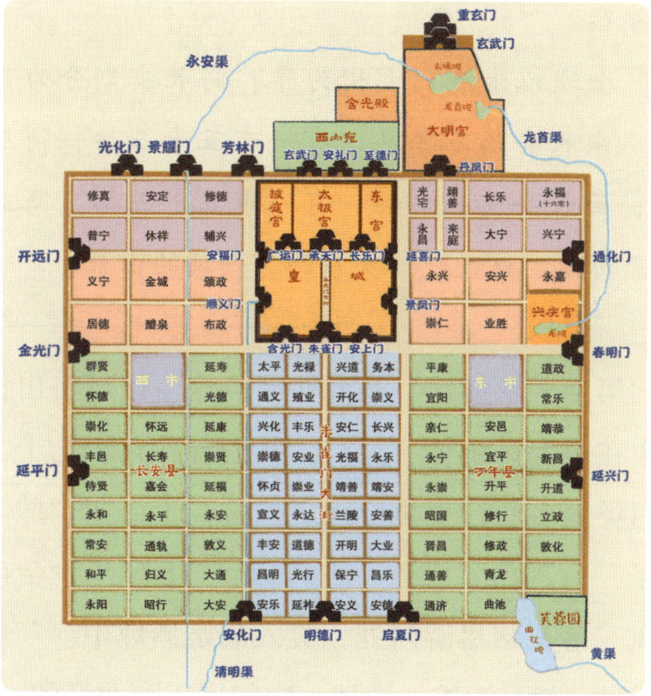

◎唐朝长安城坊市布局图

我们可以从图中看出，各种大大小小的坊占据了一半以上的空间。其实在宋、元、明、清之后的大部分城市，均有相同的特征，城市不论大小、新旧，居住区的规模总是最大的，这是一个基本规律。

文化加餐

天人相应的城市布局

说到我国的地理哲学思想，“天人相应”是无法回避的。唐朝的京城长安（今陕西西安市）就充分体现了这一点。长安是中国历史上规模最大的城市之一，面积达80多平方千米，25条纵横大街将城区分成108坊，对应天上108

颗星宿。

全城以朱雀门大街为界，将长安划分为东、西两部分。东长安属万年县，有一市五十三坊，商业区就叫东市；西长安属长安县，有一市五十五坊，商业区就叫西市。据说，这便是“买东西”一词的由来。

城市的第二个功能区，是商业区。这一区域将出售同类商品的小贩集中在一起，统称“行”。我们现在常说七十二行，就是比喻商品门类繁多。行里再设固定摊位，术语叫“肆”，词典解释为“铺子”。李白《少年行》诗曰：“五陵年少金市东，银鞍白马度春风。落花踏尽游何处，笑入胡姬酒肆中。”所谓酒肆，用现在的话说，就是酒馆、酒楼，它们属于商业区的一部分。

唐朝之前，对商业区的管理较为严格。你看，替父从军的花木兰为了配齐一身装备，不得不“东市买骏马，西市买鞍鞯，南市买辔头，北市买长鞭”，跑了四个地方才搞定。而宋朝就相对自由得多，宋仁宗赵祯继位后，取消了宵禁政策，小贩上街摆摊成为合法的行为，百姓们可以尽情享受繁华都市的便捷，政府也从中获得了丰厚的税收。随着城乡商品流通扩大，城里的市场已经无法满足社会的需要，于是，在城外和一些商品集散地出现了“草市”，有的逐渐发展成新的居民点和城镇。

在此情况下，“市”与“坊”慢慢结合，形成“前店后坊”、临街设店的格局。不仅我国如此，西方国家的城市布局同样具有这样的特征。

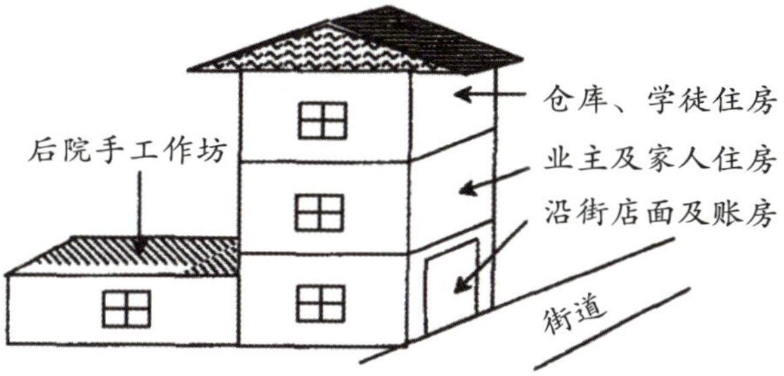

◎“前店后坊”模型

从整个城市发展史来看，除作为统治阶级的宫城，商业区往往占据着城市最核心的位置。无论东西方，城市地理中心的核心区域，几乎都保持着最为繁华的商业区的地位。紧邻商圈的，是规模庞大、功能混合的住宅区。再往外，则是工业区。尤其是近代工业革命兴起之后，密集的工业区、纵横交错的铁路网络，由外而内地“包围”城市。工业区用现代科学、技术、文明的力量，赋予了伴随人类走过漫长历史岁月的“城市”崭新的蕴意和无限的生机。

城殇之恩

由于人类盲目追求城市化，工业、商业急速扩张，各种资源、能源变得供不应求。人们对自然界的索取变得贪婪而无所节制。渐渐地，原本天蓝水清的优良环境，一去不复返。原生态的

◎过度城市化将导致土地沙漠化

水、土地、空气，仿佛一下子成了奢侈品。气候异常（如全球变暖）、干旱、洪涝等各种自然灾害，开始让人们反思：过度城市化并不可取，凡事都须遵循并尊重自然界的固有规律，否则只会揠苗助长、得不偿失，以致今日的城市有可能成为明天的沙漠。

地理知识提要：

★ 我国的现代城市分级标准中，人口规模是核心指标之一。

★ 在世界范围内，超大城市周边普遍存在着“卫星城”，这些小城市可通过承接产业转移、疏解交通拥堵等方式缓解核心城市压力。

★ 我国城市与人口的分布，在空间上表现为由内陆向沿海、由西北向东南密度递增的整体规律。

★ 城镇化指居住于城市的人口占该地区总人口比例增长的过程，这一过程通常伴随城市经济发展而推进。

★ 在城市中，商业区一般居于其核心的位置，外围依次分布居民区与工业区。其中居民区的占地面积往往是最大的。